Vorwort

Liebe Schüler, liebe Erwachsene!

Wer hat nicht Schwierigkeiten mit Satzzeichen? Mit dieser Lernhilfe kann man die **wichtigsten Satzzeichenregeln** (vor allem die **Kommaregeln**) lernen, und zwar auf eine besondere Art und Weise. Während man gewöhnlich ein Buch von Anfang bis Ende durchlesen oder wichtige Abschnitte selbst heraussuchen muss, kann man sich hier mithilfe von Tests zu den Seiten führen lassen, die man noch lernen muss. Damit spart man, was am kostbarsten ist: Zeit.

So kannst du erfolgreich arbeiten:
- Die eigentliche Arbeit beginnt auf Seite 2 mit einer „**Gebrauchsanweisung**", in der du **wichtige Hinweise** erhältst.
- Am Ende der Abschnitte gibt es **Merktafeln**. Du solltest sie dir gut einprägen.
- **Lösungen** zu allen Aufgaben findest du im **herausnehmbaren Lösungsteil** in der Mitte des Heftes nach Seite 50.
- Die **Zwischentests** bearbeitest du am besten **am nächsten Tag**, bevor du im Heft weiterarbeitest.
- Ein umfangreiches **Stichwortverzeichnis** mit zahlreichen **grammatikalischen Fachbegriffen** findest du auf den Seiten 98 bis 100.
- Eine besondere Hilfe für den, der sich **rasch informieren** möchte, bieten die Tabellen „**Schlüsselwörter auf einen Blick**" auf den Seiten 92 bis 97.

Nun hätte ich beinahe vergessen, dir Doggy und Professor Siebenkäs vorzustellen, sie werden dich durch das Heft begleiten. Sicher werden dir ihre klugen Bemerkungen eine wertvolle Hilfe sein.

Warum glaubst du bloß immer, du hättest die Weisheit gepachtet!

Mein Alter und mein Titel geben mir einen deutlichen Vorsprung vor dir!

Und nun viel Erfolg bei der Arbeit mit dieser Lernhilfe!

Gerhard Widmann

Eine Art Gebrauchsanweisung: Wie man mit dieser Lernhilfe **erfolgreich** arbeiten kann

Du willst deine Kenntnisse in der Zeichensetzung verbessern. (Wahrscheinlich bereiten dir vor allem **Kommas** Schwierigkeiten!)
Ich bin mir sicher, dass du viele Satzzeichen bereits richtig setzt – aber eben nicht alle, sonst hättest du diese Lernhilfe nicht gekauft.

Wie kannst du damit arbeiten? Es gibt **zwei** Möglichkeiten:

1. Du liest das Büchlein (wie üblich) von **Anfang** bis **Ende** durch. Wenn du viel Zeit hast und Regeln, die du bereits beherrschst, noch mal wiederholen möchtest, dann ist das in Ordnung.

2. Du studierst nur die **Abschnitte**, mit deren Hilfe du deine Kenntnisse **verbessern** kannst. Dies hat den Vorteil, dass du **Zeit sparst**, weil du dich ja nur mit dem beschäftigst, was du noch **nicht** kannst. Eine besondere Hilfe bieten zusätzlich die Tabellen „**Schlüsselwörter auf einen Blick**" auf den Seiten 92 bis 97.

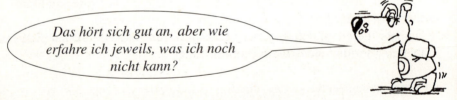

Das hört sich gut an, aber wie erfahre ich jeweils, was ich noch nicht kann?

Eine berechtigte Frage, sie ist leicht zu beantworten: Das Heft ist so aufgebaut, dass du (wenn du willst) mithilfe von **Einstufungstests** genau zu den **Abschnitten** geführt wirst, die für dich **wichtig** sind, in denen du also die Regeln lernst, die du noch **nicht** beherrschst. Hinweise, **wo** du jeweils weiterarbeiten musst, findest du nach den Lösungen zum jeweiligen **Einstufungstest** im **Lösungsteil**.

Für welche Möglichkeit du dich auch entscheiden wirst: Du liest jetzt erst einmal auf der **nächsten Seite** weiter. Dann kannst du entweder **Seite** für **Seite** bis zum Ende durcharbeiten, oder du **folgst** entsprechenden **Hinweisen** und lässt dich jeweils exakt dorthin führen, wo es für dich weitergeht.

Alles klar? Dann viel Erfolg und – vielleicht – auch ein wenig Spaß!

Grammatiktest

Viele Menschen setzen Kommas „nach Gefühl". Oft haben sie dabei Glück, denn das Komma hat ja die Aufgabe, einen Satz zu gliedern, d.h. seine Konstruktion zu verdeutlichen. Wer jedoch Satzzeichen und besonders Kommas **immer richtig** setzen will, muss über **Grundkenntnisse** in der **Grammatik** verfügen.

Auch du, lieber Leser!

⇨ Deshalb solltest du jetzt erst einmal einen **Grammatiktest** machen.

 (Bedeutet: Hier ist eine **schriftliche Aufgabe zu lösen**.)

1) Zu welchen **Satzarten** gehören diese Sätze:
   (a) *Schläfst du noch?*
   (b) *Ich bin schon wach.*
   (c) *Steh jetzt auf!*

2) B e s t i m m e in den folgenden beiden Sätzen jeweils **Prädikat**, **Subjekt**, **Objekt** und **adverbiale Bestimmungen**!
   (U n t e r t e i l e die Satzglieder durch **Schrägstriche**!)

   (a) *Heute Abend feiern wir im Garten meinen 12. Geburtstag.*
   (b) *Meine besten Freunde erwarte ich mit großer Aufregung.*

3) U n t e r s t r e i c h e die **Attribute**:
   In der vergangenen Woche hatten wir das wichtige Fest gründlich vorbereitet. Meine Freundin von nebenan hat uns auch geholfen.

4) U n t e r s t r e i c h e die **Nebensätze**!
   Leider kommt meine Freundin Kerstin nicht, weil sie krank ist. Sie muss im Bett liegen, während wir feiern. Ich werde sie einladen, wenn sie wieder gesund ist.

Lösungen und **Hinweise**, wie es weitergeht, siehe **Nummer** 1 im **Lösungsteil** nach Seite 50.

Einstufungstest I

 S e t z e sämtliche **Kommas** sowie die Satzeichen der **wörtlichen Rede**!

Ein Tier kehrt zurück

Guten Morgen Kinder! begrüßt der Förster aus dem Bayerischen Wald eine Schulklasse die etwas über die Wiedereinbürgerung des Luchses erfahren möchte. Er erzählt: 150 Jahre sind vergangen seitdem der Luchs aus unseren Wäldern verschwunden ist. Inzwischen sind die Chancen gut dass er wieder bei uns heimisch wird.
Mit seinem gefleckten Fell den Pinselohren und seinem Stummelschwanz stellt der Luchs eine absolute Bereicherung unserer Tierwelt dar. Allerdings braucht die schäferhundgroße scheue Wildkatze riesige geschlossene Waldgebiete ruhige Deckung ermöglichende Landschaften und ein ausreichendes Beuteangebot.
Deshalb ist es kaum möglich diesen Tieren in freier Wildbahn zu begegnen. Außerdem ist der Luchs darauf spezialisiert nachts zu jagen. Trotzdem: Viele Menschen sind ihr könnt das vielleicht verstehen von der Anwesenheit dieser Tiere nicht begeistert. Landwirte und Jäger haben es schwer sich mit der Rückkehr des Luchses abzufinden. Die Landwirte fürchten den Verlust von Schafen und Ziegen während die Jäger etwas anderes fürchten: den Luchs als unerwünschten Jagdkonkurrenten.
Wie jagt nun der Luchs? Es ist typisch für ihn sich an die Beute – Reh Gämse Fuchs Hase oder Wildschwein – bis auf 20 Meter heranzupirschen. Anschließend bereitet er sich darauf vor das Beutetier nach einem kurzen Sprint anzuspringen.
Damit hat der Förster seinen Vortrag beendet die Kinder können jetzt Fragen stellen.
Ist der Luchs denn nicht für uns Menschen gefährlich? fragt Sascha.
Oh Schreck da gehe ich nicht mehr in den Wald! meint Kathrin.
Da musst du dir keine Sorgen machen sagt der Förster der Luchs wird auch in Zukunft ein Tier bleiben das den Menschen meidet.

Lösungen und **Hinweise** siehe **Nummer** im Lösungsteil nach Seite 50.

Kommaregeln

Kommas sind wichtig.
Eine kleine Geschichte dazu.
Es war ausgemacht, dass Nick und Mona heiraten.
Doch dann gibt es Schwierigkeiten, und Tante Martha schreibt an Onkel Maximilian:

„Nick will Mona nicht."

Da ist Onkel Maximilian aber anderer Meinung:

„Nick will, Mona nicht."

Wer will nun wen nicht?
Das Komma macht's!
Fehlt es, dann will Nick die Mona nicht heiraten.
Steht ein Komma, dann will zwar Nick heiraten, aber die Mona nicht.

Du siehst: Kommas sind wichtig.

1. Grundkurs für Anfänger

In diesem Grundkurs lernst du **einfache**, aber **wichtige** Kommaregeln. Wenn du gut und konzentriert arbeitest, wirst du in Zukunft **viele Kommas richtig** setzen. Du musst dich dann nicht mehr so sehr auf dein Gefühl verlassen.

1.1 Das **Komma** bei der **Aufzählung** von **Satzgliedern**

> In einem Satz steht **kein** Komma, wenn **jedes Satzglied** (z.B. Prädikat, Subjekt) nur **einmal** vorkommt:
>
> Pascal / plant / eine lange Radtour.

*Wenn ein Satzglied, z.B. das **Subjekt**, aber nun öfter vorkommt?*

Im folgenden Merkkasten wurden dem Satz

Pascal / plant / eine lange Radtour.

weitere **Subjekte** hinzugefügt:

> Wenn ein bestimmtes Satzglied im Satz **öfter** vorkommt, sagt man: Es wird *aufgezählt*.
>
> ***Pascal, Felix, Jennifer*** / planen / eine lange Radtour.
>
> Zwischen den ***Subjekten*** *Pascal*, *Felix* und *Jennifer* müssen nun **Kommas** stehen, weil sie *aufgezählt* werden.

👓 (**Bedeutet**: L i e s o d e r d e n k e n a c h!)
Es folgen nun Merkkästen für die *Aufzählung* der **wichtigsten Satzglieder**. A c h t e dabei jeweils auf die Kommas!

- *Aufzählung* von **Subjekten** und **Prädikaten**:

Subjekte: *Bienen*, *Wespen*, *Mücken*, *Fliegen* verfangen sich im Gitter.
Prädikate: Die Kinder *tanzten*, *klatschten*, *sangen* noch lange Zeit.

- *Aufzählung* von **Objekten** und **adverbialen Bestimmungen**:

Objekte: Der Sturm wirbelte *Staub*, *Blätter*, *Stroh*, *Papier* auf.
Adverbiale Bestimmungen: Die Praxis ist *montags*, *dienstags*, *donnerstags* geöffnet.

Attribute sind zwar **keine Satzglieder**, aber auch sie können natürlich *aufgezählt* werden.

- *Aufzählung* von gleichrangigen **Attributen** (d.h., alle Attribute beziehen sich auf dasselbe Wort → *Wetter*)

Es herrschte *unfreundliches*, *nasskaltes*, *windiges* Wetter.

Anstelle eines **Kommas** kann bei *Aufzählungen* auch die **anreihende Konjunktion „und"** stehen:

Mein Vater / plant / eine lange, anstrengende Radtour.
Mein Vater / plant / eine lange **und** anstrengende Radtour.

Auch die **ausschließende Konjunktion „oder"** steht bei *Aufzählungen* immer **anstelle** eines Kommas:

Ich / fürchte / Bienen, Wespen, Hornissen.
Ich / fürchte / Bienen, Wespen **oder** Hornissen.

K (**Bedeutet**: S e t z e Kommas. Das Zeichen steht auch, wenn du herausfinden sollst, dass **kein** Komma zu setzen ist.)

3

Die langen sonnigen erholsamen Ferien sind nun leider zu Ende. Mit meinen Freunden Patrick Fabian Marcel und Alexander werde ich wieder endlose quälende Vormittage die Schulbank drücken. Wie ich mich freue auf Hausaufgaben Probearbeiten oder mündliches Abfragen! Doch der erste Tag gehört noch uns. Wir werden erzählen lachen und fröhlich sein.

Lösung Nummer 3 im Lösungsteil nach Seite 50.

Im Gegensatz zu den Konjunktionen **und/oder** werden bei **entgegensetzenden Konjunktionen** (beispielsweise **aber**, **sondern**) oder **Adverbien** (**ja**, **auch**) *aufgezählte* **Satzglieder** durch **Kommas getrennt**:

Ich hätte gern ein Beispiel für eine „entgegensetzende Konjunktion".

Gerne, lieber Doggy.

Ängstlich, *aber* interessiert beobachtet Anja die Biene.
Die **entgegensetzende Konjunktion** heißt *aber*.
(Anjas **Interesse** ist ihrer **Angst** „entgegengesetzt"!)

Das **Komma** steht **vor** diesen **Konjunktionen** und **Adverbien**:

Ich bin nicht munter**, sondern** müde.
Frau Meister nahm unser Auto**, jedoch** ohne vorher zu fragen.
Ich habe ein neues**, also** verkehrssicheres Fahrrad.

Konjunktionen: aber, dann, doch, geschweige denn, jedoch, sondern, wenn; **Adverbien**: allerdings, ja, also, auch.

K 4 Erschöpft aber glücklich erreichten die Wanderer den Gipfel. Die Wandergruppe bestand aus guten wenn auch langsamen Bergsteigern. Jetzt hatte man nicht nur Hunger sondern auch Durst. Jeder hatte genug zu essen dabei jedoch wenig zu trinken. Gott sei Dank tröpfelte aus einem Brunnen spärliches allerdings köstliches Wasser.

Lösung Nummer

Hast du die **Konjunktionen** im letzten Kasten **auswendig gelernt**?

Ruhig und entspannt speichere ich diese Konjunktionen in meinem Langzeitgedächtnis: **aber**, **dann**, **doch**, **geschweige denn**, **jedoch**, **sondern** *und* **wenn**.

Kann man denn im Liegen lernen? Irgendwann werde ich dich abfragen!

Nicht nur *einzelne Wörter*, auch *Wortgruppen* können *aufgezählt* werden:

- Ich suchte Sarah *im Garten*, *im alten Geräteschuppen* und *im Flur*.
- Auf unserer Reise begegneten wir *einem Pferdefuhrwerk*, *einem alten Lastwagen* und *einem klapprigen Bus*.

Sogar *Sätze* können *aufgezählt* werden:

- *Die Spieler liefen ins Stadion*, *Beifall brauste auf* und *das Spiel begann*.
- *Es war nichts zu hören*, *er drückte auf die Türklinke*, *er öffnete langsam*.

K 5 Leise behutsam und vorsichtig öffnete Sanja die Türe. Ihr Freund Tom ihr Bruder Stefan Andreas und Mario (4 Personen) standen hinter ihr. Die Kinder rissen die Augen auf schauten und staunten. Glücklich allerdings müde saß Herr Klein tatsächlich vor seinem Lottogewinn und dachte nach: Sollte er sich eine vornehme Villa kaufen in den Süden ziehen oder das Geld den Armen schenken? Vielleicht genügte auch ein einfaches aber schönes Häuschen? Sie mussten Herrn Klein zu seinem Glück gratulieren. Mit roten Rosen gelben Nelken oder blauen Astern? Schließlich luden sie Herrn Klein zu ihren Lieblingsspeisen ein: Pfannkuchen mit Marmelade Pommes mit Ketschup Erdbeeren mit Sahne und Vanillepudding mit Himbeersoße. Vielleicht gab er ihnen für das einzigartige vielfältige und leckere Angebot ein wenig von seinem Lottogewinn ab.

Lösung Nummer 5

Innerhalb einer **Aufzählung** steht bei diesen **mehrteiligen Konjunktionen** (bitte **auswendig lernen!**) **immer** ein **Komma**:

teils – teils	Wir badeten **teils** in Flüssen, **teils** in Seen, **teils** auch im Meer.
einerseits – andererseits	**Einerseits** wollten wir bleiben, **andererseits** nach Hause gehen.
je – desto (umso)	**Je** später es wurde, **desto** mehr Leute gingen auf die Straße.
nicht nur – sondern auch	Wir hatten **nicht nur** Hunger, **sondern auch** Durst.

Weitere mehrteilige Konjunktionen findest du auf den Seiten 93 bis 98.

K 6 Je später es wurde desto aufgeregter lief meine Mutter im Zimmer hin und her. Sie hatte nicht nur wegen des Gewitters Angst sondern auch wegen der Dunkelheit. Endlich kamen Vater und meine Schwester nach Hause. Sie waren einerseits sehr erschöpft andererseits glücklich da zu sein. Auf dem Heimweg hatten sie sich teils untergestellt teils waren sie bei Blitz und Donner gelaufen.

1.2 Das **Komma** bei **Interjektionen, Anreden** und **Grußformeln**

1.2.1 Interjektionen (Ausrufe) sind Wörter wie *ach, oh, au, super, pfui, na, ei.* Sie stehen immer **neben** dem Satz. Man könnte sie also auch **weglassen**, ohne dass der Satz **unselbstständig** würde:

Beispiel: *Na*, wie geht es dir? ⟶ Wie geht es dir?

Das Komma **trennt** vom eigentlichen Satz **ab**:

- die **betonte** *Interjektion*: Ach **,** wie das schmeckt!
- die **betonte** *Bejahung*: Ja **,** das macht Spaß!
- die **betonte** *Verneinung*: Nein **,** ich will nicht!

Wichtig ist: Die Wörter *ach, ja* oder *nein* müssen **betont** sein. Wenn sie **nicht betont** sind, dann darf auch **ohne** Komma geschrieben werden:

- *Oh* wäre ich doch mitgefahren.
- *Ja* wenn sie nur Zeit hätte.

Wichtig: Durch ein **Ausrufezeichen** bzw. einen **Punkt** kann man andeuten, ob ein Ausruf **betont** oder **unbetont** ist!

 K
7
Oh wie seid ihr schön angezogen!
Super die Klamotten stehen euch!
Nein wir finden sie ziemlich altmodisch.

He was hast du für ein Problem?
Au ich habe mir in den Finger geschnitten!
Ja das sieht man.

1.2.2 Wenn man jemanden **anredet**, nennt man seinen *Namen*. (So wie es auf unserer Zeichnung der kleine Fuchs macht.)

Mama, gefalle ich dir?

In diesem Satz heißt die **Anrede** *Mama*.
Der **eigentliche Fragesatz** heißt: ... *gefalle ich dir?*

Wie du siehst, wird die **Anrede** vom **eigentlichen Satz** durch ein **Komma** abgetrennt:	
Mama,	*gefalle ich dir?*
Die **Anrede** kann im Satz an **drei verschiedenen Stellen** stehen:	
am **Anfang**:	*Opa*, ich möchte dich um einen Gefallen bitten.
im **Inneren**:	Ich möchte dich, *Opa*, um einen Gefallen bitten.
am **Schluss**:	Ich möchte dich um einen Gefallen bitten, *Opa*.

✏️ K
8 Isabelle wann kommst du?
Hilf mir doch Christopher!
Ich mache dir Melanie jetzt einen Vorschlag.

Auf der nächsten Seite erfährst du, dass zur **Anrede** oft noch **andere Wörter** gehören.

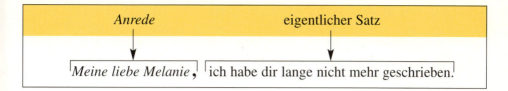

Auch bei den folgenden Sätzen besteht die Anrede stets aus **mehreren Wörtern**.

✏K Das war großartig lieber Maximilian.
9 Mein alter Freund ich habe dich noch nicht vergessen.
   Darf ich sehr geehrter Herr Blüm mit Ihrer Hilfe rechnen?

> Ist die Anrede mit einer kurzen **Interjektion** verbunden, steht zwischen **Interjektion** und **Anrede** kein Komma:
>
> Na Lisa **,** wie geht's?
> Ach Mirko **,** hilf mir doch mal!

✏K Pfui Tasso lass das!
10 Oh Eva das habe ich nicht gewollt!
   Super Sarah das war ein guter Sprung.

Es bleibt dabei: In einem **Satz** stehen – wenn nicht *aufgezählt* wird – **keine Kommas**. Deshalb muss alles, was von außen **hinzugefügt** ist, vom **eigentlichen Satz** durch **Kommas abgetrennt** werden.

Jetzt kannst du dieses kleine Kapitel sicher erfolgreich abschließen.

✏K Ja ich komme mit dir Lukas!
11 Oh wie schön du singst Vanessa!
   Gib her du kleiner Lausbub!
   Ach Papa lass mich doch mitfahren!

1.2.3 Was sind **Gruß**- und **Höflichkeitsformeln**?

Das sind kurze **Wörter** oder **Wortgruppen**, mit denen wir den Alltag angenehmer machen wie: *guten Tag, Entschuldigung, auf Wiedersehen, danke, danke sehr, bitte* usw.

> **Gruß**- und **Höflichkeitsformeln** werden durch **Kommas** abgetrennt, denn auch sie stehen **außerhalb** des **eigentlichen Satzes**:
>
> **Grußformel**
> ⌜*Guten Abend*⌝, wir haben einen Tisch bestellt.
> Ich habe mich verspätet, ⌞*Entschuldigung*⌟.
> **Höflichkeitsformel**

> Im Zusammenhang mit *danke, danke schön, nein danke, danke sehr* muss **immer** ein **Komma** stehen.
>
> *Nein danke*, ich habe jetzt keinen Durst.
> Das ist sehr freundlich, *danke schön*.
> Es war großartig, *danke*, wir wollen jetzt gehen.

> Das Wort *bitte* ist eine **Ausnahme**. Es steht gewöhnlich **ohne** Komma:
>
> *Bitte* öffnen Sie die Türe.
> Bedienen Sie sich *bitte*.
> Setz dich *bitte* in die erste Reihe.

> Bei **besonderer Betonung kann** *bitte* durch Komma **abgetrennt** oder von Kommas **eingeschlossen** werden:
>
> *Bitte*, hilf mir doch!
> Geben Sie mir eine einzige Karte, *bitte*!
> Verlassen Sie, *bitte*, dieses Zimmer!

K 12 Guten Tag mein Name ist Vodermayer.
Bitte nicht rauchen!
Jetzt muss ich mich leider verabschieden auf Wiedersehen.
Danke schön das ist mir sehr recht.
Ich flehe Sie an: Lassen Sie mich bitte eine einzige Zigarre rauchen!
Entschuldigung haben Sie eigentlich eine gute Erziehung genossen?
Es geht schon danke ich kann mich nicht beschweren.
Aber wie vereinbart sich das mit dem Rauchen bitte?

- Zum Schluss soll noch die **Stellungnahme** erwähnt werden, bei der man sich mit Wörtern wie *ja*, *nein*, *oder*, *trotzdem* zu einer Sache äußert:
   Ja, damit bin ich einverstanden.
   Trotzdem, ich komme mit.

Zwischentest I

K 13 S i e h die **Merktafel I** auf Seite 16 a n, ehe du den Test machst!

1) Mehr habe ich nicht Herr Bettler.
2) Ich sage dir eines: Du bist ein richtiger Engel mein Junge!
3) Herr Bettler ich habe Sie schon oft gesehen.
4) Ach Kleiner du kennst mich also schon?
5) Ja das hier ist nämlich mein Schulweg.
6) Bitte bleib noch ein bisschen.
7) Entschuldigung aber mein Unterricht beginnt bald.
8) Du warst sehr freundlich danke vielmals. Mein größter Wunsch: Besuch mich wieder einmal bitte!
9) Ja gerne. Ich bringe dir dann von meinem Vater eine blaue Hose seine schwarzen Lederschuhe und einen warmen Wintermantel mit. Als besondere Überraschung gibt es noch eine Flasche gutes frisches Bier.
10) Auf Wiedersehen Herr Bettler.
11) Ich kann nur eines sagen: ein liebenswerter Junge. Ach wenn er nur recht bald wiederkäme!

Merktafel I

Zwischen den Satzgliedern eines Satzes steht	
ein Komma	**kein** Komma,
1. – bei *Aufzählungen*: Es herrschte *freundliches*, *kaltes* Wetter. → S. 6–8 – vor **entgegensetzenden** und – **mehrteiligen Konjunktionen**: Das ist ein *schönes*, **aber** *altes* Auto. Ich brauche **nicht nur** ein Haus, **sondern auch** eine Garage. → S. 8–10	2. wenn die *Satzglieder* durch **Konjunktionen** wie **und** bzw. **oder** verbunden sind: Sie *tanzten* **und** *klatschten*. Wir kommen *heute*, *morgen* **oder** *übermorgen*. → S. 7

Vom **eigentlichen Satz** werden durch **Kommas**	
abgetrennt	**nicht** abgetrennt
3. **betonte** *Interjektionen* sowie „*ja*" und „*nein*": *Ach*, wie bin ich klug! *Ja*, das macht Spaß! *Nein*, ich will nicht! → S. 11 4. *Anreden*: *Tobias*, ich werde dich prüfen. Ich werde dich, *Tobias*, prüfen. Ich werde dich prüfen, *Tobias*. → S. 12–13 5. *Gruß-* und *Höflichkeitsformeln*: *Guten Abend*, wir sind bereit. Ich bin zu spät, *Entschuldigung*. → S. 14	6. *Ausrufe* sowie „*ja*" und „*nein*", wenn sie **nicht betont** sind: *Oh* wäre ich doch mitgefahren. *Ja* das wäre schön. *Nein* er war nicht dabei. → S. 11 7. **Kein Komma zwischen Anrede** und einem kurzen *Ausruf*: *Na* **Anni**, wie geht's? *Ach* **Niko**, besuch mich doch! → S. 13 8. das Wort *bitte*, wenn es **nicht** besonders **betont** ist: *Bitte* öffnen Sie die Türe. Setze dich *bitte* zu mir. → S. 14

1.3 Das **Komma** bei **Infinitivgruppen**

Diese Kommaregel ist nicht leicht, aber wichtig. Du wirst sie lernen, wenn du gut mitdenkst.

Das hab ich doch bis jetzt auch schon gemacht.

Zunächst ein neuer Begriff: der **Infinitiv**.
Was ist das?

> Der **Infinitiv** ist **die** Form des Verbs, die im Wörterbuch steht. Es ist die **Grundform** oder **Nennform**. Sie endet in der Regel auf **–en**.
>
> lauf**en** – sing**en** – sprech**en**
>
> **Verben** im **Infinitiv**

Das war leicht. Ja?
👓 L i e s noch einmal d u r c h , was du soeben gelernt hast!

> Oft kommt der **Infinitiv** in Sätzen in Verbindung mit dem Wörtchen **zu** vor. Man spricht dann von einer **Infinitivgruppe**.
>
> Ich habe vergessen **zu lernen**.
> Ich habe vergessen **die Vokabeln zu lernen**.

> In den beiden Sätzen oben steht kein Komma; es wäre jedoch erlaubt, nach *vergessen* jeweils ein Komma zu setzen, d.h., das Komma ist **freigestellt**. Für solche Fälle verwenden wir dieses Zeichen: [,].
>
> Ich habe vergessen[,] **zu lernen**.
> Ich habe vergessen[,] **die Vokabeln zu lernen**.

Hast du alles verstanden? Bitte **merke** dir, was in den Merkkästen steht!

Infinitivgruppen, die durch Komma abgetrennt werden müssen

Du hast soeben gelernt, dass es in manchen Fällen dem Schreiber überlassen bleibt, ob er eine **Infinitivgruppe** durch **Komma abtrennen** will oder **nicht**. Diesmal geht es – wie dir die Überschrift schon verraten hat – um **Infinitivgruppen**, die abgetrennt werden **müssen**.
Finde selbst heraus, **wo** bei den folgenden Sätzen jeweils ein Komma steht. Lass dich ausnahmsweise von deinem „Sprachgefühl" leiten.

14
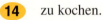
Es ist seine größte Leidenschaft ein gutes Essen zu kochen.
Ein gutes Essen zu kochen das ist seine größte Leidenschaft.

> Ein **Komma muss vor** bzw. **nach** der **Infinitivgruppe** stehen, wenn ein *hinweisendes Wort* (*das, dies, damit, daran, darum, es, darauf*) auf die **Infinitivgruppe** hinweist:
>
> Besser ist *es*, **gleich zu gehen**.
> Er freut sich *darauf*, **nach Italien zu fahren**.
> **Bei dem Spiel im Tor zu stehen**, *das* ist sein größter Wunsch.
> Sie litt unter der *Angst*, **sich im Wald zu verirren**.
>
> Beachte, dass das *hinweisende* Wort auch ein *Substantiv* sein kann.

Prüfe bei der folgenden Aufgabe jeweils, ob der Satz ein *hinweisendes Wort* enthält. Vergiss nicht, dass es auch ein *Substantiv* sein kann.

15
&K Meine Eltern haben beschlossen mich in ein Internat zu schicken.
Tanja befasst sich damit Ärztin zu werden.
Jetzt galt es den Verletzten schnell in eine Klinik zu bringen.
Familie Härtel hat die Absicht einem armen Kind zu helfen.
Dich zu verletzen das war nicht meine Absicht.
Ich half der alten Frau die Einkaufstasche zu tragen.

K In **vier** der folgenden Sätze **müssen** Kommas stehen.
16 In den übrigen Sätzen ist das Komma freigestellt: [,]. Du darfst es also auch weglassen.

1) Es ist vorteilhaft jetzt zu verkaufen. 2) Deine Bereitschaft für mich einzuspringen freut mich. 3) Herr Maier fürchtet seinen Job zu verlieren. 4) Ich wagte es nicht Eva zu fragen. 5) Im Internet zu surfen das ist ihre liebste Beschäftigung. 6) Er beschloss nach Hause zu gehen.

1.4 Das **Komma** zwischen **Hauptsätzen** (**Satzreihe**)

Wer bei Sätzen Kommas richtig setzen will, muss ein gutes Gespür für Sätze haben.

Ich habe ein gutes Gespür!

Du weißt, was ein **Satz** ist, oder hast es im **Grundkurs Grammatik** gelernt.
Deshalb kannst du nun sicher verstehen, dass man **mehrere Sätze** aneinander **reihen** kann (= **Satzreihe**).

S i e h dir die folgende Übersicht dazu a n !

Hauptsätze müssen nicht durch **Punkte** voneinander **getrennt** werden, sie können auch mithilfe von **Kommas gereiht** werden. Man spricht in diesem Fall von einer **Satzreihe** (oder **Satzverbindung**):

Die Sonne schien**,** das nasse Gras glänzte**,** ein Regenbogen war zu sehen.

Satz 1   **Komma**   Satz 2   **Komma**   Satz 3

K *Konzert im Freien*

17
Endlich waren alle da das Konzert konnte beginnen. Der kleine Bär spielte auf der Trommel er wurde dafür gelobt. Das Stück gefiel der Gans gut sie erkundigte sich sogleich nach dem Komponisten. Die Vorstellung war beendet alle Zuhörer äußerten sich höchst zufrieden. Nur die Ziege meckerte, ihr konnte es nämlich keiner recht machen.

Sätze einer **Satzreihe** können auch durch **Konjunktionen** oder **Adverbien** eingeleitet werden:

Es regnete **, aber** es war mild.　　　Alle halfen **, besonders** Tim bemühte sich.
Es war spät **, doch** ich blieb.　　　　Jan weinte **, auch** Marc fühlte sich schlecht.

　　　　　　Konjunktion　　　　　　　　　　　　Adverb

Weitere **Einleitewörter**: **allerdings**, **also**, **dagegen**, **daher**, **dann**, **denn**, **doch**, **genauso**, **ja**, **nur**, **trotzdem**

Dazu nun eine Übung mit verschiedenen Sätzen:

 K Ich höre gerne Musik ja ich liebe Musik.
18 Ich öffnete das Fenster denn es war sehr heiß geworden.
Er ist fleißig allerdings hat er trotzdem keine guten Noten.
Der Lehrer war krank also fiel der Sportunterricht aus.
Jasmin liebt den Kunstunterricht besonders gern zeichnet sie.
Sie hat allerdings keine Interesse an Tuschzeichnungen.
Sarah hatte Grippe daher konnte sie nicht in die Schule gehen.
Sabrina ist krank trotzdem geht sie nicht zum Arzt.
David joggt nicht gern dagegen fährt er oft mit dem Rad.
Sein Freund Max ist trotzdem ein begeisterter Jogger.
Sein Interesse an Tennis ist gering genauso langweilt ihn Schwimmen.

1.5 Das **Komma** beim **Schaltsatz**

Schaltsatz?
Da schalte ich lieber ab.

K 19 Kannst du die folgenden zwei Sätze so **ineinander schieben**, dass **ein** Satz daraus wird?

1) Auf einmal klopfte jemand ans Fenster.
2) Es war gegen sieben Uhr.

Hier kannst du dich über den **Schaltsatz** informieren:

Sätze kann man **ineinander schieben**:		
• **Satz 1**: Der kleine Junge gewann das Rennen. • **Satz 2**: Er hieß übrigens Lukas.		
⌊Der kleine Junge⌋,	**⌊er hieß übrigens Lukas⌋**,	⌊gewann das Rennen⌋.
Satz 1 (1. Teil)	**Satz 2** (= **Schaltsatz**)	**Satz 1** (2. Teil)
Den **eingeschobenen Satz** nennt man **Schaltsatz**. Er wird immer in **Kommas eingeschlossen**.		

K 20 Am späten Nachmittag es dämmerte schon begann es endlich zu schneien.
Schon jetzt die Terrasse war noch nicht mal weiß richtete Papa die Schneeschaufel her.
Am nächsten Morgen Papa rannte gleich nach dem Aufstehen zum Fenster war alles wieder grün.

Jetzt eine besondere Aufgabe.

21 F ü g e die beiden Hauptsätze zuerst i n e i n a n d e r und
s e t z e dann die Kommas!

Leo wird eine Reise ans Ende der Welt machen.
Er ist seinem Papa wirklich sehr böse.

 Dieselbe Aufgabe noch mal.

22 Der schlimme Papa hat seinen lieben Sohn des Diebstahls bezichtigt.
Leo will gar nicht mehr an ihn denken.

1.6 Das **Komma** zwischen **Haupt-** und **Nebensatz** (**Satzgefüge**)

Die Verbindung von **Haupt-** und **Nebensatz** nennt man **Satzgefüge**.

> Im **Satzgefüge** werden **Haupt**- und *Nebensatz* (*Gliedsatz*) durch ein **Komma** getrennt.
>
> Es war schon Nacht **,** *als wir nach Hause gingen.*
> Ich fürchtete mich **,** *weil es schon finster war.*
>
>   Hauptsatz *Konjunktion* Nebensatz
>
> **Beachte**: Weitere *Einleitewörter* zu Nebensätzen findest du auf Seite 46.

K 23   D e n k e d a r a n , dass das Komma immer **vor** der **Konjunktion** steht, die den *Nebensatz* (im Kasten oben steht er **nach** dem Hauptsatz, das nennt man **Endstellung**) einleitet.

Es war schon später Nachmittag als wir losgingen. Am verstummenden Gesang der Vögel merkte man dass sich der Tag dem Ende zuneigte. Wir freuten uns weil uns noch einige kleine Sänger auf dem einsamen Weg begleiteten.
Schließlich setzten wir uns ins Gras und warteten bis die Sonne untergegangen war.

K 24  Er ruft mich an ob ich ihm helfen kann. Er ruft nämlich nur an wenn er etwas von mir will. Zu meinem Ärger läuft noch die Milch über während ich mit ihm telefoniere. Irgendetwas läuft immer schief sobald er anruft.

K 25   Bei dieser Aufgabe findest du weitere **Einleitewörter** für den *Nebensatz*.
Ich traf meinen Onkel der mich freudig begrüßte. Ich fragte ihn wohin er gehe. Er ging zu dem Haus das er kaufen wollte. Meine Tante stand noch dort wo er sie verlassen hatte. Sie sagte dass alles in Ordnung ist.

Merktafel II

Beim **Infinitiv** (Grundform) **mit zu**	
steht ein Komma,	ist das Komma **freigestellt**:
1. wenn *hinweisende* Wörter wie *das, dies, daran, darum, es, darauf* auf eine **Infinitivgruppe** hinweisen: *Es* ist nicht leicht**,** mit anderen **zu teilen.** Denke *daran***,** die Rechnung **zu bezahlen.** → **S. 18** **2.** wenn ein *Substantiv* auf eine **Infinitivgruppe** zielt: Niklas hat die *Absicht***, zu helfen.** Mir fehlt die *Lust***, mitzuspielen.** → **S. 18**	**3.** In anderen Fällen hat der Schreiber die Möglichkeit, ein **Komma** zu **setzen** oder **nicht**: Lisa bat mich[**,**] **ihr zu helfen.** **Die Straße zu überqueren**[**,**] versuchten wir vergeblich. → **S. 17**

Zwischen Sätzen steht ein **Komma**	
4. bei der **Satzreihe**: Ich friere**,** ich nehme ein heißes Bad. Sie hat mir geschrieben**,** *doch* ich habe nicht geantwortet. → **S. 19–20**	**5.** beim **Schaltsatz**: Eines Tages**, es war kurz vor Weihnachten,** kam ein Brief. Kurz nach 8 Uhr**, wir hatten gerade das Licht eingeschaltet,** fiel der Strom aus. → **S. 21**
6. zwischen **Haupt-** und **Nebensatz** (durch eine **Konjunktion** eingeleitet): Oma und Opa wurden gefeiert**,** *weil* sie goldene Hochzeit hatten. → **S. 22–23**	

1.7 Das **Komma** im Zusammenhang mit der **wörtlichen Rede**

Was ist eine **wörtliche Rede**? Na, ganz einfach: das, was einer **sagt**.

Willst du die **Satzzeichen** der **wörtlichen Rede** richtig setzen, dann musst du dir stets klarmachen, was **tatsächlich** gesprochen wird.

26   U n t e r s t r e i c h e im folgenden Text, was Doggy und Siebenkäs **tatsächlich** sprechen.

Wer hat dich denn an diesen Laternenmast gebunden, armer Doggy?, fragt Siebenkäs. Na, wer wohl? Irgendein Mensch, der glaubt, Doggys kämen nicht alleine zurecht, antwortet Doggy, aber schuld bist du, weil du mir das Halsband nicht abgenommen hast. Siebenkäs fühlt sich schuldig und versucht Doggy zu trösten: Dafür hole ich dir jetzt etwas Leckeres aus der Metzgerei dort drüben.

Ich hoffe, du hast bei der letzten Aufgabe keine Fehler gemacht.
Damit man auf den ersten Blick erkennen kann, **was** jemand **spricht**, gibt es die **Satzzeichen der wörtlichen Rede**. Sie haben die Aufgabe, den Redetext **deutlich** zu machen.
Auf der nächsten Seite lernst du die **drei Grundformen** der wörtlichen Rede kennen.

Form 1:

Form 2:

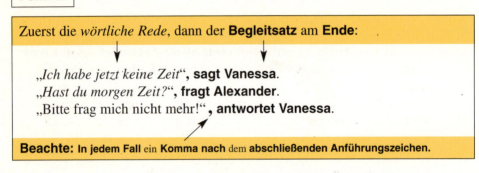

Form 3:

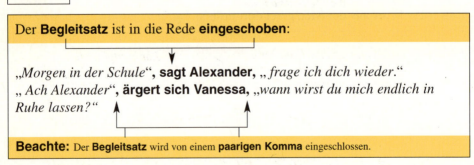

Hast du die **drei Merksätze** gut studiert und alles verstanden?
Sieh noch einmal genau nach, **wo** jeweils die Kommas stehen!

27 Ergänze im nächsten Text **Anführungszeichen** und die **Kommas** im Zusammenhang mit der wörtlichen Rede.

Philipp und Laura
Hallo, Laura! begrüßt Philipp sie. Wie geht es dir? Nicht so gut sagt sie du brauchst nur mal auf den Mondkalender zu schauen, dann weißt du warum. Philipp ist ein bisschen verwirrt: Wieso soll ich auf den Mondkalender schauen, was ist das überhaupt? Der Mondkalender zeigt dir, an welchen Tagen der Mond zunimmt, wann Vollmond ist und wann wir abnehmenden Mond haben, belehrt ihn Laura. Ist ja gut meint Philipp aber was hat das damit zu tun, dass es dir heute schlecht geht? Der Mond hat einen großen Einfluss auf uns Menschen, und der Kalender sagt mir, dass heute die Stimmung in der Familie nicht gut ist. Außerdem ist heute ein schlechter Tag, um zu lernen. Und beides trifft leider bei mir zu! sagt Laura traurig. Das ist doch Blödsinn meint Philipp. Was verrät dir dein Mondkalender denn sonst noch alles? Sehr viel! sagt Laura etwas verunsichert. Ja was denn nun? will Philipp hartnäckig wissen. Zum Beispiel, wann man gute Ideen für Hobbys hat, wann es günstig ist, für das Taschengeld einzukaufen, oder wann man eine neue Frisur testen soll gibt Laura bereitwillig Auskunft. Steht vielleicht auch noch drin, wann man sich verlieben soll? sagt Philipp ein wenig spöttisch.
Na, klar antwortet Laura bei Vollmond natürlich.

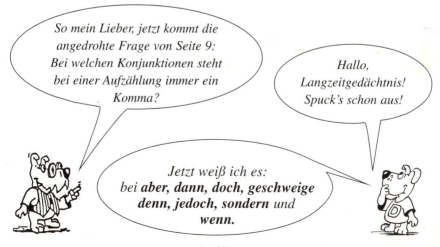

Zwischentest II

K S e t z e zusätzlich die Zeichen der wörtlichen Rede e i n !
28 W i e d e r h o l e auch noch mal die **Merktafel II** (Seite 24)!

1) Die Tage wurden länger der Frühling war nicht mehr weit.
2) Ende Februar der letzte Schnee war eben weggeschmolzen guckten die ersten Schneeglöckchen heraus.
3) Wie freute ich mich darauf die kommenden schönen Tage von Herzen zu genießen!
4) Auf einmal verspürte ich große *Lust* zu wandern.
5) Ich ging in den Wald der gleich hinter unserem Dorf lag.
6) Die Vögel sangen um die Wette es war ein herrlicher Tag.
7) Oh wenn ich doch nur meine Hausaufgaben schon gemacht hätte.
8) Ach, wie war das Leben schön!
9) Kaugummikauen ist nicht nur für die Zähne, sondern auch für das Gehirn gut.
10) Guten Morgen Melanie darf ich bitte mit dir zur Schule gehen?
11) Na Tamara wie geht's? sagt Melanie gut gelaunt.
12) Melanie kaut unentwegt aber in der Schule darf sie das natürlich nicht.
13) Vor allem der Religionslehrer ärgert sich, weil Melanie bei ihm besonders gerne kaut.
14) Er sagt ziemlich verärgert: Nimm sofort das Ding aus dem Mund Melanie!
15) Wissen Sie nicht dass Kaugummikauen* erwiesenermaßen das geistige Arbeiten fördert? fragt Melanie.
16) Der Lehrer macht nur eine kurze unfreundliche Handbewegung: Mein liebes Kind antwortet er ich bestimme hier was für dich gut oder schlecht ist!

* Wenn du das liest, wird Kaugummikauen hoffentlich schon in allen Schulen gefördert werden. (Täglich 5 Stück gratis für jeden Schüler.)

Einstufungstest II

✎K Wo das Komma freigestellt ist, v e r w e n d e dieses Zeichen: [,].
29 (**Lösungen** siehe **Nummer** 29 im Lösungsteil nach Seite 50.)

Alles verschlingend: das schwarze Loch

Was geschieht[,] wenn ein Stern im Laufe seines Lebens seinen Kernbrennstoff verbraucht hat? Er sackt in sich zusammen[,] und zwar bis auf einen sehr sehr kleinen Punkt[,] die so genannte Singularität. Diesen Vorgang aufzuhalten[,] ist keine denkbare Kraft imstande. Der Raum um den Stern herum[,] kaum vorstellbar[,] krümmt sich immer stärker. Der Himmelskörper kapselt sich wie ein Tropfen vom Wasserstrahl[,] vom übrigen Universum ab. Weder die Materie von sonnengroßen Sternen[,] noch die Strahlen des Lichts können der unvorstellbaren Schwer- und Sogkraft eines schwarzen Lochs entkommen. Nichts[,] was einmal verschlungen wurde[,] kann aus seinem Inneren jemals wieder entweichen. Das Licht[,] anstatt zu leuchten[,] wird unsichtbar[,] also schwarz.

Schwarze Löcher treiben ihr Unwesen nur an bestimmten Stellen[,] und zwar in den Zentren der Galaxien. Ein schwarzes Loch gibt es[,] das ist fast sicher[,] auch in unserem Milchstraßensystem. Kein Astronom ist allerdings imstande[,] ein schwarzes Loch zu sehen. Es verrät sich jedoch selbst durch die ungeheuer starke Wirkung seiner Schwerkraft auf die Umgebung. Was mit einem Stern[,] der von einem schwarzen Loch verschlungen wurde[,] genau passiert[,] weiß heute noch niemand. Ob schwarze Löcher[,] und das ist eine spekulative Frage[,] eine Art Schneise in die Raumzeit schlagen können[,] ist momentan eher ein Thema für Sciencefictionfilme. Ein Astronaut könnte vielleicht in ferner Zukunft[,] durch so einen Tunnel eine Art Zeitreise unternehmen.

Weitere abenteuerliche Spekulationen sind denkbar: Aus jedem schwarzen Loch könnte ein neues Universum hervorgehen. Unsere Fantasie wird durch wenig so angeregt wie von schwarzen Löchern. Die Wissenschaftler haben zur Befriedigung unserer Neugierde die Aufgabe noch vieles über diese gefräßigen Monster des Universums herauszufinden.

2. **Aufbaukurs** mit nicht mehr ganz so einfachen Regeln

2.1 Das **Komma** bei der **Aufzählung** von **Satzgliedern**

Im **Grundkurs** konntest du lernen, dass man einzelne **Wörter**, **Wortgruppen**, ja ganze **Sätze** *aufzählen* kann. Zwei Besonderheiten der *Aufzählung* findest du in den folgenden beiden Merkkästen.

> Eine Aufzählung liegt auch vor, wenn ein **Wort** zur **Verstärkung wiederholt wird**:
>
> Herr Hund hat einen **sehr, sehr** großen Mund.
> Frau Maus schreibt an den **lieben, lieben** Klaus.
>
> Diese Kommas werden häufig vergessen. Bitte daran denken!

> Manchmal **setzt** man mit einem **Satzglied noch mal an**, um eine Sache **deutlicher** zu machen:
>
> Die Klasse wählte Manuel, **ausgerechnet Manuel** zum Sprecher.
> Mein Nachbar, **besser gesagt mein Freund** wurde nicht gewählt.
>
> Dieses Komma wird oft ausgelassen. Bitte **kein zweites Komma** setzen!

K 30   Jetzt hatte ich Lust große Lust zum Wandern. Das Wetter war schön sogar sehr schön. Ich wünschte meinen Freunden alles alles Gute und machte mich auf den Weg. Auf den Ausflug zu verzichten wäre schade um nicht zu sagen jammerschade gewesen.

Im **Grundkurs** konntest du lernen, dass bei der *Aufzählung* **vor entgegensetzenden Konjunktionen** immer ein Komma stehen muss, z.B. vor **aber**, **doch**, **geschweige denn**, **jedoch**, **sondern**; ebenso vor **mehrteiligen Konjunktionen** wie **teils – teils**, **einerseits – andererseits**, **je – desto**, **nicht nur – sondern auch**, **bald – bald**, **mal – mal**, **halb – halb**.

Wenn nur vor **allen** Konjunktionen ein Komma stehen würde! Leider ist das **nicht** so, und du musst dir nun die verflixten **Ausnahmen** merken. Ich hoffe, es macht dir ein bisschen Spaß, dein Gedächtnis zu trainieren. Diesmal beginnen wir gleich mit der Regel.

> **1. Das Komma steht nicht zwischen Satzgliedern, die durch *anreihende* Konjunktionen verbunden werden:**
>
> Das Haus ist innen **wie** außen hell gestrichen.
> Während meiner Krankheit hatte ich **weder** Hunger **noch** Durst.
>
> **Lerne** bitte auch diese Konjunktionen auswendig: **und**, **sowie**, **wie**, **sowohl – als auch**, **weder – noch**.
> Das ist schwierig, aber lass dich nicht unterkriegen!

Bei der folgenden Aufgabe sind natürlich auch Konjunktionen dabei, die im **Grundkurs** besprochen worden sind, vor sie **muss** man ein Komma setzen.

K
31
Tatjana spielt sowohl Geige als auch Posaune.
Wir haben weder einen Ausweis noch einen Reisepass dabei.
Rodeo ist ein abenteuerliches, aber anstrengendes Vergnügen.
Das Auto hat Ledersitze sowie Holzverkleidung am Armaturenbrett.
Montag, Dienstag und Mittwoch haben wir Sportfest.
Unser Land hat ein gutes, aber teures Gesundheitssystem.

Sehr oft **vergleichen** wir etwas. Man kann sagen, dass wir den **Vergleich** geradezu lieben: Wer springt *weiter*, *höher*, wer rechnet *besser* usw. Die Schule ist ein „Vergleichsinstitut". Ständig werden Schüler in ihren Leistungen verglichen (Note 1, Note 2 . . .).

Aber uns interessiert hier natürlich nur das *Komma* bei **vergleichenden Konjunktionen**.

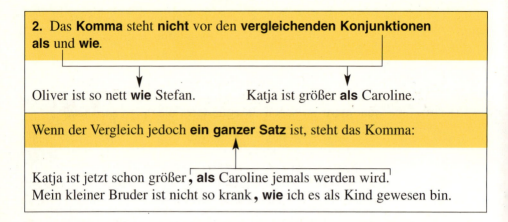

Ehe du dazu eine Aufgabe löst, gleich noch ein **weiterer Merksatz**. Diesmal geht es um **ausschließende Konjunktionen**. Das sind die Lieblingskonjunktionen von Lehrern und Eltern.

3. Das **Komma** steht **nicht** vor den **ausschließenden Konjunktionen oder**, **entweder – oder** und **beziehungsweise (bzw.).**

*Du wirst aufpassen **oder** nachsitzen!*

***Entweder** werde ich jetzt schreien **oder** davonlaufen.*

32 Frau Sprint ist heute schneller gelaufen als gestern Herr Slow.
Der neue Spieler war besser als es die Mannschaft erwartet hatte.
Das Empire State Building ist nicht so hoch wie der Eiffelturm.
Ich werde Onkel Albert entweder heute noch anrufen oder morgen bei ihm vorbeikommen.
Heute bist du so alt wie ich es vor zehn Jahren gewesen bin.

Zwischentest III

33 W i e d e r h o l e vorher die **Merktafel III** (Seite 34)!

Lebendiger Schulhof
Bei der Gestaltung eines Schulhofs sollten sowohl die Lehrer als auch die Schüler mitwirken jedoch auch die Eltern und der Hausmeister. Schüler suchen im Schulhof einerseits Ruhe und Entspannung andererseits Bewegung und Spiel sowie soziale Kontakte. In einer Schule in Schwaben wurde ein Schulhof neu angelegt beziehungsweise der vorhandene umgestaltet. Die Klassen scheuten weder Arbeit noch Mühe für das Projekt. Auf dem Gelände entstand ein Hügel mit einheimischen Wildpflanzen sowie eine Insektennistwand mit Trockenmauer. Ein sechseckiges Holzpodest um eine Linde dient teils für Unterricht im Freien teils zum Theaterspielen. Auf einem Fantasiedrachen aus Stein kann man entweder sitzen oder herumspringen. Beliebter Pausentreffpunkt ist ein hohes allerdings etwas enges Weidentipi. Heute sieht der Hof viel schöner aus als vor der Neugestaltung.

Merktafel III

Zwischen Satzteilen steht	
ein Komma,	kein Komma
1. wenn ein **Wort** zur **Verstärkung wiederholt** wird: Diesmal hatten wir einen **sehr , sehr** kalten Winter. Ich hatte **großes , großes** Glück. → **S. 30**	**3.** bei **anreihenden** Konjunktionen: Im Urlaub waren *sowohl* meine Oma *als auch* mein Opa dabei. Das Schmuckkästchen ist außen *wie* innen bemalt. Weitere Konjunktionen siehe → **S. 31**
2. wenn man mit einem Satzglied zur Verdeutlichung **noch mal ansetzt**: Sie wählten Maximilian **, gerade** ihn zum Sprecher. Mein Nachbar **, genauer gesagt** mein Freund half mir. → **S. 30**	**4.** bei **vergleichenden** Konjunktionen: Er spielt so schön *wie* ein professioneller Musiker. Deine Geige klingt besser *als* meine. → **S. 32**
Was der kann, kann ich auch.	**5.** bei **ausschließenden** Konjunktionen: Wir werden euch heute besuchen *oder* erst nächste Woche. Man muss das Geld *entweder* einzahlen *oder* überweisen. → **S. 32–33**

2.2 Das **Komma** bei **Zusätzen**

Dies ist ein einfacher Satz, den jeder versteht:

- Frau Ohnesorg geht gerne aus.

Es steht natürlich **kein** Komma, denn jedes Satzglied kommt nur einmal vor (siehe Regel auf S. 6).

Jetzt will ich dem Satz ein paar Wörter hinzufügen, also einen *Zusatz* machen:

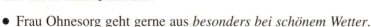

- Frau Ohnesorg geht gerne aus *besonders bei schönem Wetter*.

Diesmal geht es **nicht ohne** Kommas, denn dem Satz wurde ein Zusatz, also gewissermaßen ein „Fremdkörper", hinzugefügt.

 K Kannst du in dem Satz oben das Komma setzen? Das ist leicht.
34

Zusätze stehen am **Schluss** oder **innerhalb** eines Satzes.

Stehen *Zusätze* am **Schluss**, so steht **immer** ein Komma davor:
Die Straße ist manchmal unpassierbar **,** *vor allem* bei Regen.   Roman machte viele Zeichnungen **,** *gelungene und missglückte*.   Er traf Alexandra **,** *seine Lieblingsschwester*.

 K Hallo, Anja,
35 ich werde dich bald besuchen und zwar noch in dieser Woche.
Mein Koffer steht bereits im Flur gepackt und verschlossen. Heute treffe ich noch Wolfgang meinen Mitarbeiter. Morgen fliege ich nach Bremen. Ich war noch nie dort auch nicht auf der Durchreise. Und zum Wochenende freue ich mich auf einen ganz lieben Menschen nämlich auf dich.
Ciao
Florian

> Häufig sind *Zusätze* in einen Satz **eingeschoben**:
>
> Kevin, *das ist mein Bruder*, möchte gerne Porzellanmaler werden.
> Er hat sich, *allerdings ohne Erfolg*, bei einer Manufaktur beworben.
>
> Die *Zusätze* werden in **Kommas eingeschlossen**.

Noch eine wichtige Bemerkung: *Zusätze* erkennt man daran, dass stets ein **sinnvoller Satz** übrig bleibt, wenn man sie **weglässt**.

Beispiel: Herr Maier, *das heißt unser Nachbar*, fährt täglich in die Stadt.

Zusatz (Erläuterung des Substantivs *Maier* = Beisatz, lateinisch: Apposition)

36 S c h r e i b e nun den Satz **ohne Zusatz** a u f !

> *Zusätze* **innerhalb** eines **Satzes** werden **immer** in **Kommas eingeschlossen**, wenn sie mit den **folgenden** Wörtern **eingeleitet** werden:
>
> *aber, allein, allerdings, also, auch, außer, besonders, das heißt (d.h.), das ist, jedoch, und das, und zwar, vielmehr, wenn auch*
>
> Diese Wörter musst du unbedingt **auswendig lernen**!

K 37 Julia stieg aber ohne ihre Schwester mit uns auf den Berg. Nach Stunden erreichten wir wenn auch mit großer Anstrengung endlich den Gipfel. Später und zwar beim Abstieg ging es uns wieder besser. Trotzdem werden wir allerdings erst im Herbst wieder eine Bergtour machen.

> *Zusätze* **innerhalb** eines **Satzes** werden **immer** in Kommas eingeschlossen, wenn sie **unmittelbar hinter** ihrem **Bezugswort**, also **vor** dem **Prädikat** stehen:

Ihr **Ansehen,** *zum Beispiel als Tierschützerin*, **ist** sehr erfreulich.
Mein **Vater,** *ein leidenschaftlicher Hundefreund,* **verehrt** sie besonders.

> Dies gilt auch für die Einleitewörter *also, besonders, vor allem* und *zum Beispiel*.

> Stehen die Zusätze **nach** dem **Prädikat**, so ist das Komma **freigestellt**:

Frau Maier **genießt**[,] *besonders als Tierschützerin*[,] hohes Ansehen.
Mein Vater **kümmert sich**[,] *vor allem im Winter*[,] um die Singvögel.

In der folgenden Aufgabe sind die verschiedenen Kommaregeln bei **Zusätzen** anzuwenden.

K 38 Pilze insbesondere die essbaren sind in unseren Wäldern seltener geworden. Auf unserer Erde ist das natürliche Gleichgewicht die Grundlage des Lebens gestört. Die wichtigste Ursache nämlich die Luftverschmutzung wird sich allerdings nicht so schnell beheben lassen. Es gibt aber auch andere Gründe. Nicht selten müssen bestimmte Baumarten vor allem bei Käferbefall durch andere ersetzt werden. Das passt nicht jedem Pilz. Manche zum Beispiel die Steinpilze benötigen zum Gedeihen bestimmte Baumarten außerdem auch ein gewisses Alter der Bäume. Leider reißen viele Pilzesammler das heißt vor allem Gelegenheitssammler Pilze mit den Wurzeln aus. Der „Profi" schneidet Pilze grundsätzlich ab genießbare und ungenießbare. Die Wurzel Voraussetzung für das Weiterleben des begehrten „Sammlerstücks" lässt er im Boden.

2.3 Das **Komma** bei **Infinitivgruppen**

Was eine **Infinitivgruppe** ist, hast du auf Seite 17 erfahren. Auf Seite 18 hast du gelernt, in welchen Fällen bei **Infinitivgruppen** jeweils ein Komma stehen **muss**. Dazu nun **ein** weiterer wichtiger Fall.

- **Infinitivgruppen**, die durch **Kommas abgetrennt** werden **müssen**

Stehen **eingeschobene Infinitivgruppen** mit *um zu*, *ohne zu*, *als zu*, *wie zu* und *statt zu* unmittelbar **nach** ihrem **Bezugswort**, so **müssen** sie in **Kommas eingeschlossen** werden:

Sandra **,** *statt* mir *zu* helfen **,** **sah** unbeteiligt zu.
Christina **,** *ohne* sich lange *zu* besinnen **,** **half** mir sofort.

Wichtig: Hier stehen **Infinitivgruppen** immer **vor** dem **Prädikat**!

Stehen diese Infinitivgruppen **nach** dem **Prädikat**, so ist das Komma **freigestellt**:

Sandra **sah**[,] *statt* mir *zu* helfen[,] unbeteiligt zu.
Christina **half** mir[,] *ohne* sich lange *zu* besinnen[,] sofort.

Dieses Zeichen [,] bedeutet: Hier **darf** ein Komma gesetzt werden.

✏️K **39** F i n d e   h e r a u s , wo im folgenden Text Kommas stehen **müssen** und wo sie stehen **können** [,]!

Skifahrer Schröder stoppt ohne lange zu überlegen vor dem Verbotsschild. Weiterfahren wäre absolut lebensgefährlich. Doch für einen Extremskifahrer beginnt erst hier das Abenteuer. Pascal statt anzuhalten fährt über die zwanzig Meter hohe Klippe hinaus. Den folgenden Höhenflug plant er um eine Art Bewusstseinserweiterung zu erleben bewusst ein. Was ist das größte Glück? Pascal als hätte er keine Zeit zu verlieren macht eine kurze Handbewegung: „Der Steilhang dort drüben an einem Pulvertag mit griffigem Schnee."

● **Infinitivgruppen**, bei denen das **Komma freigestellt** ist

Jetzt erfährst du, in welchen Fällen es **dir** überlassen bleibt, ob du ein Komma setzen willst oder nicht.

Demokratische Rechtschreibung: Jeder darf auch mal selbst entscheiden.

Frei entscheiden kannst du dich bei *erweiterten* Infinitivgruppen.

Was ist das nun wieder? Ich weiß nur, dass ich einen stark erweiterten Verstand habe.

Hier siehst du zunächst einen Satz mit einer **Infinitivgruppe ohne** *Erweiterung*:

Er beschloss   zu gehen.
     ↑   ↑
  Hauptsatz   Infinitiv mit zu

Hier **darf** zwar ein Komma stehen, aber es ist **nicht nötig** (siehe auch Seite 17).

Er beschloss[,] **zu gehen**.

Erweitert nennt man eine **Infinitivgruppe**, wenn **zwischen** dem **Infinitiv mit zu** und dem **vorhergehenden Hauptsatz** noch *ein* oder *mehrere Wörter eingeschoben* sind.
Das hört sich schwierig an. Doch das folgende Beispiel wird dir helfen.

Hier steht ein Satz, der zunehmend *erweitert* ist:

Er beschloss[,] **zu gehen**. (Komma möglich, aber unnötig.)
Er beschloss[,] *pünktlich* **zu gehen**. (Satz auch ohne Komma gut verständlich.)
Er beschloss, *pünktlich mit mir* **zu gehen**. (Komma durchaus sinnvoll.)
Er beschloss, *pünktlich mit mir nach Hause* **zu gehen**. (Komma vorteilhaft.)

Das **Komma sollte** besonders vor einem **stark** *erweiterten* **Infinitiv mit zu** stehen. Ob du dich nun zu einem Komma entschließt oder nicht, wichtig ist, dass du weißt, **wo** es stehen muss.

Beachte: In **Zeitungen** und **Büchern** werden in der Regel auch beim weniger stark **erweiterten Infinitiv** Kommas gesetzt.

K 40 S e t z e in **jedem** Satz ein Komma. Wo es deiner Meinung nach **überflüssig** ist, aber stehen **darf**, verwendest du dieses Zeichen: [,].

Herr Conradi bemühte sich vergebens sein schon etwas älteres Auto wie gewöhnlich zu starten. Schließlich nahm er sich vor das schon recht betagte Gefährt noch am selben Tag zu reparieren. Wegen des schlechten Wetters beschloss Herr Conradi die Arbeit zu verschieben. Am nächsten Tag begann er den Wagen zu richten.

K 41 M a c h e es wie bei der **vorhergehenden** Aufgabe!

Sophia lief davon ohne sich noch ein einziges Mal umzusehen.
Ich bat ihn notfalls heute noch für seinen Bruder einzuspringen.
Sie entschloss sich das Lied vorzusingen.
Der Fahrer versprach den Schaden auf jeden Fall und auch sehr bald zu beheben.

Ein Komma darf man auch setzen, wenn der *erweiterte* **Infinitiv mit zu vor** dem **Hauptsatz** steht (**Anfangs**stellung). Die *Erweiterung* steht dann ebenfalls am **Satzanfang**:

|Den ungeheuer schweren Stein| |**zu bewegen**| [,] |schaffte er nicht.|

Erweiterung   **Infinitiv mit zu**   Hauptsatz

K 42 Ü b e r l e g e auch diesmal wieder, ob du ein Komma setzen willst. Wo man deiner Meinung nach darauf verzichten kann, verwendest du wieder dieses Zeichen: [,]. Damit kannst du kontrollieren, ob du überhaupt weißt, **wo** ein Komma stehen **kann**.

Jetzt noch zu suchen lohnte sich wohl nicht mehr.
Die bei einem Lawinenunglück Verschütteten schnell zu finden ist eine gefährliche und anstrengende Aufgabe.
Einen Schüler zu bestrafen fällt manchem Lehrer leicht.
Die fest verschlossene Tür mit aller Gewalt zu öffnen wagte ich nicht.

Haben wir jetzt endlich alle Stellungen durch?

*Nein, Doggy, es gibt noch eine, und zwar die im **Satzinneren**. Und dazu braucht man **zwei Kommas**.*

> *Erweiterung* und **Infinitiv mit zu** können auch im **Satzinneren**
> (**Zwischen**stellung) stehen:
>
> Er lief [,] *ohne sich noch ein einziges Mal* **umzudrehen**[,] davon.
> Sie schrieb[,] *um den begehrten Auftrag* **zu bekommen**[,] an mich.

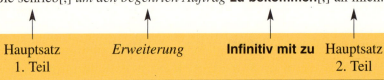

| Hauptsatz | *Erweiterung* | **Infinitiv mit zu** | Hauptsatz |
| 1. Teil | | | 2. Teil |

K 43 D e n k e   d a r a n : Nicht in jedem Satz ist ein Komma unbedingt nötig!

Ich hatte ohne auch nur im Geringsten Müdigkeit zu verspüren den Berg bestiegen.
Er ging statt sich zu bedanken einfach weg.
Sie öffnete um noch einmal nach den so wichtigen Papieren zu suchen ihre Handtasche.

Der **Infinitiv mit zu** kann also an drei Stellen im Satz stehen:

Anfangsstellung:	*Um* **einzukaufen**[,] ging er in die Stadt.
Zwischenstellung:	Sie ging[,] *ohne mich* **zu grüßen**[,] vorbei.
Endstellung:	Ich bitte dich[,] **zu bleiben**.

Oft wirst du dich bei **Infinitivgruppen** fragen: Soll ich nun ein Komma setzen oder nicht?
Um das herauszufinden, gibt es eine Hilfe: Du sprichst dir den Satz **laut** vor. Machst du beim Sprechen **vor** und **nach** der **erweiterten Infinitivgruppe**

jeweils eine **Sprechpause**, dann solltest du Kommas setzen. Machst du **keine** Sprechpausen, dann verzichte auf Kommas.

Im folgenden Kasten findest du Beispiele dazu:

Sätze **ohne Sprechpausen**:

Ich schlage vor aufzubrechen.
Er hat schon wieder ohne mich zu fragen mein Auto genommen.

Sätze, bei denen **Sprechpausen angebracht** sind:

Das kleine Mädchen sang **,** ohne auch nur einen Augenblick zu zögern **,** vor dem Publikum das gewünschte Lied.
Maria hat **,** um sich für ihr unkameradschaftliches Verhalten zu entschuldigen **,** meiner Mutter einen Strauß Blumen gebracht.

 S a g dir die Sätze im Kasten mehrmals **laut** v o r , damit du die Regel „hören" kannst!

K   A c h t e auf **Sprechpausen**!

44

Autofahrer:	Ich ersuche Sie freundlich nur dieses eine Mal ein Auge zuzudrücken.
Polizist:	Merken Sie sich: Ich bin grundsätzlich nie bereit Augen zuzudrücken.
Autofahrer:	Ich biete Ihnen ohne mich auf diese Weise bei Ihnen einschmeicheln zu wollen eine Tafel echte Schweizer Schokolade.
Polizist:	Bedaure. Ich mag nur Gummibärchen. Ich muss Sie jetzt bitten zu zahlen.

Merktafel IV

Im Zusammenhang mit **Zusätzen muss** das Komma stehen ...	
1. bei *Zusätzen* am **Satzende**:	Wir kamen endlich nach Hause, *müde und erschöpft* → **S. 35**
2. bei **eingeschobenen** Zusätzen, die mit Wörtern wie *das heißt, und zwar, das ist* etc. beginnen:	In Dresden, das ist meine Geburtsstadt, bin ich aufgewachsen. → **S. 36**
3. bei allen **eingeschobenen** Zusätzen, die unmittelbar hinter ihrem Bezugswort, also vor dem Prädikat stehen:	Meine Tante, eine liebenswerte Frau, hat mir einen langen Brief geschrieben. → **S. 37**

4. In allen übrigen Fällen ist bei **Zusätzen** das **Komma freigestellt**.
Meine Tante macht[,] besonders im Frühjahr[,] große Reisen.   → **S. 37**

Im Zusammenhang mit dem **Infinitiv mit zu muss** das Komma stehen ...	
5. bei **eingeschobenen Infinitivgruppen** mit *ohne zu, statt zu* etc. unmittelbar **nach** dem **Bezugswort**:	Maria, *ohne* auf ihren Vater *zu* achten, lief Lukas in die Arme. → **S. 38**

Im Zusammenhang mit dem **Infinitiv mit zu** ist das **Komma freigestellt** ...	
6. wenn **eingeschobene Infinitivgruppen nach** dem **Prädikat** stehen:	Maria lief[,] ohne auf ihren Vater zu achten[,] Lukas in die Arme. Er schloss[,] anstatt sich zu bedanken[,] einfach die Tür. → **S. 38**
7. bei **fehlender** oder nur **geringer** *Erweiterung*:	Lukas entschließt sich[,] *zu arbeiten*. Lukas entschließt sich[,] *heute noch zu arbeiten*. → **S. 39–43**
8. auch bei *starker Erweiterung* (allerdings ist ein Komma hier fast immer empfehlenswert):	Er beschloss, *sofort mit mir* **zu gehen**. *Den ungeheuer schweren Stein* **zu bewegen**, schaffte er nicht. → **S. 39–43**

Zwischentest IV

 K Hast du die **Merktafel IV** noch mal angesehen?

45

Sätze über Kinder
Kinder gemeint sind 8–11-Jährige sind heute überwiegend reich und zwar im materiellen Sinn.
Die Kids liebevolle Bezeichnung für unsere Kinder haben nur gute Zeiten erlebt.
Die meisten müssen sich besonders vor materieller Armut nicht fürchten.
Ich frage Caroline: „Vor welcher Form der Armut würdest du Angst haben also große Angst?"
Caroline beantwortet ohne lange nachdenken zu müssen meine Frage so:
„Vor Kontaktarmut. Das Schlimmste ist keine Freunde zu haben."
Kinder glauben auf vieles verzichten zu können auf Freundschaft und Liebe aber nicht.
Kinder also freundliche Lebewesen vor der Pubertät denken oft vernünftiger als Erwachsene.
Sie nehmen sich vor in ihrem Leben grundsätzlich auf Gewalt zu verzichten.
Ausländische Mitschüler zu respektieren und zu achten gelingt ihnen meistens besser als den Erwachsenen.

Viele Kinder überwiegend Mädchen beschließen ohne auf ihre Eltern zu hören sich fleischlos zu ernähren.
Viele Kinder sind entschlossen die Umwelt zu schützen ganz besonders die Tiere.
Kinder wollen und das mit Entschiedenheit nicht alle Fehler ihrer Eltern wiederholen.

2.4 Das **Komma** zwischen **Haupt-** und **Nebensatz**

Im ersten Kapitel hast du erfahren, dass Nebensätze häufig **nach** dem Hauptsatz (Endstellung) stehen (Seite 22 – 23). Dazu eine Wiederholungsaufgabe.

✎K
46
Alex dachte an den Traum der ihn in der vergangenen Nacht geängstigt hatte. Man weiß ziemlich genau welche Träume Kinder im Alter von zwei bis sechs Jahren quälen. Die Kleinen fürchten sich vor allem wenn sie verfolgt werden oder in die Tiefe stürzen. Früher waren es vorwiegend Geister und Teufel die in Träumen erschienen. Heute sind es Monster und Zombies wovor sich Kinder fürchten.

Nebensätze können aber auch am **Anfang** des **Satzgefüges** stehen (**Anfangsstellung**).
Das **Komma** steht dann **nach** dem *Nebensatz*.

⌐**Wenn** du nicht mit dem Gezeter *aufhörst*⌐, spiele ich nicht mehr mit dir.

Nebensatz
Beachte, dass beim *Nebensatz* das *Prädikat* immer am *Schluss* steht.

Nebensätze können durch **verschiedene Wortarten** eingeleitet werden:

als, bevor, bis, da, dass, ehe, nachdem, obwohl, seit, sodass, weil, während, wenn, wie	*der, die, das, dessen, dem, den, was, wer, welcher(-e, -es)*	*wann, warum, wie, wo, woher, wohin, womit*
↑	↑	↑
Konjunktionen	**Relativpronomen**	**Adverbien**

✎K
47
Weil sie müde war ging Stefanie ins Bett. Dass in dieser Nacht Vollmond war wusste sie nicht. Weshalb sie schlecht geschlafen hatte er-

fuhr sie deshalb erst am nächsten Tag.
Woher die Wirkung des Mondes kommt ist nicht leicht zu erklären.
Dass Menschen darauf reagieren ist eine altbekannte Tatsache.
Wenn der Mond abnimmt geht vieles besser.

Schwierigkeiten könntest du mit der Konjunktion *als* haben. (Dieses Problem wurde jedoch schon auf Seite 32 angesprochen. Hier wird es noch mal als Wiederholung im Zusammenhang mit Haupt- und Nebensatz erörtert.)

✏ K Sarah läuft schneller als Tim.
48 Dafür löst Tim die Matheprobe schneller als Sarah es ihm zugetraut hätte.
Muss man überhaupt schneller sein als die anderen?
Vielleicht ist Schnelligkeit weniger wichtig als viele Leute glauben wollen.

Nebensätze können aber auch in den Hauptsatz **eingeschoben** werden.
Das **Komma** steht dann **vor** und **nach** dem *Nebensatz*.

Victoria machte, ***als** sie das Gedicht gelernt hatte*, eine kleine Pause.

Nebensatz

Man bezeichnet diese Stellung als **Zwischenstellung**.

✏ K Laura muss wenn sie nicht bald gesund wird ihre Geburtstagsfeier
49 verschieben. Ihre Mutter bereitet während sie auf den Arzt wartet etwas Obst für die Patientin vor. Laura beschäftigt sich indessen obwohl es ihr nicht sehr gut geht mit Englisch-Vokabeln.

✏ K Wann Autos als Treibstoff kein Benzin mehr brauchen werden wissen
50 wir nicht. Auf jeden Fall hat man heute schon Autos gebaut die mit komprimierter Luft fahren können. Die Leute staunten als sie bei ei-

ner Vorführung beobachten konnten wie ein Mann die Auspuffgase solch eines Wagens direkt tief einatmete. Für den Mann bestand keine Gefahr weil beim Auspuff reinste Luft herauskam.

Folgt dem **Hauptsatz** ein **Satzgefüge**, setzt man jeweils **zwei Kommas**.

 K
51 Nicole ist noch klein aber weil sie gut laufen kann haben wir sie bei unserer Wanderung mitgenommen. Wir beeilen uns denn bevor das Gewitter kommt müssen wir zu Hause sein.

Merktafel V

Diese **drei Stellungen** können *Nebensätze* im **Satzgefüge** einnehmen:	
1. Anfangsstellung:	*Weil das Motorengeräusch im Auto so laut war*, hatte ich nach der langen Fahrt Kopfweh.
2. Zwischenstellung:	Ich hatte, *weil das Motorengeräusch im Auto so laut war*, nach der langen Fahrt Kopfweh.
3. Endstellung:	Ich hatte nach der langen Fahrt Kopfweh, *weil das Motorengeräusch im Auto so laut war.*

Zwischentest V

 K
52
Die Wohngegend die Vater für uns ausgesucht hat verspricht nachts einen ruhigen Schlaf. Ich bin gespannt ob die Lärmbelastung nachts tatsächlich unter 45 Dezibel* liegt. Weil höhere Werte Schlafstörungen und Herzerkrankungen bewirken können ist dieser Grenzwert für mich sehr wichtig.
Wer in eine Wohnung einzieht sollte auf die Lärmbelastung achten.

Komm, lieber Schlaf.

* Dezibel: Maß, mit dem die Schallstärke in einem bestimmten Abstand von der Schallquelle gemessen wird.

Einstufungstest III

K 53 S e t z e sämtliche **Kommas**. V e r w e n d e , wo ein Komma stehen **kann**, dieses Zeichen: [,].

Traurig und enttäuscht so wandte sich Herr Meister vom Fernsehgerät ab; eine freundlich lächelnde Ansagerin hatte eben die Lottozahlen bekannt gegeben. An diesem Wochenende und damit hatte er fest gerechnet würde ihm das Glück wohlgesinnt sein. Dieses Mal war er überlegt vorgegangen das heißt er hatte sich ein neues System ausgedacht. Eines Abends er war in Gedanken versunken an seinem Schreibtisch gesessen hatte er plötzlich zu seiner Frau gesagt: „Ich hab's" und alle Zahlen links von den Gewinnzahlen der Vorwoche angekreuzt. Er hatte so fest daran geglaubt zu gewinnen und nun hatte er gerade mal zwei Richtige.
Das versprach kein schöner Abend mehr zu werden. Herr Meister holte sich eine Flasche guten italienischen Rotwein und seine Frau setzte sich von seiner Traurigkeit angesteckt zu ihm aufs Sofa. Sie meinte: „Du hast doch jetzt hoffentlich genug vom Lottospielen oder?" Herr Meister blieb seiner Frau eine Antwort schuldig. Eine knappe Woche später holte er sich einen neuen Lottoschein und er sagte: „Den werde ich jetzt ausfüllen und zwar ohne System. Dieses Mal und ich glaube fest daran werde ich etwas gewinnen." Der vom Glück arg vernachlässigte Herr Meister kann einem Leid tun und genau das tat er auch seiner Frau. Von den vergeblichen Gewinnversuchen ihres Mannes ziemlich in Mitleidenschaft gezogen befasste sie sich von nun an mit der Wahrscheinlichkeitsrechnung.
Dabei erlangte sie Kenntnis von folgenden höchst interessanten Tatsachen: Ihr Mann 40 Jahre alt und sich normaler Gesundheit erfreuend würde statistisch betrachtet mit einer Wahrscheinlichkeit von 1 : 500 nach einem Jahr nicht mehr leben. Und dies waren weitere beunruhigende Risiken: Mit einer Wahrscheinlichkeit von 1 : 26 000 würde er in einer Woche sterben mit 1 : 180 000 innerhalb der nächsten 24 Stunden und dass es mit ihm innerhalb der nächsten Stunde zu Ende ging lag immerhin mit einer Wahrscheinlichkeit von 1 : 4,5 Millionen im Bereich des Möglichen. Aber sechs Richtige im Lotto waren immer noch unwahrscheinlicher.
Ihr Mann sollte innerhalb der nächsten Stunde tot umfallen? Für Frau Meister war Lottospielen kein Thema mehr. Jetzt musste sie nur noch ihren Mann überzeugen.
Lösungen siehe **Nummer 53** im Lösungsteil nach Seite 50.

3. **Leistungskurs** für Leute, die schon fast alle Regeln beherrschen

3.1 **Kein Komma** bei **nicht gleichrangigen Attributen**

Das hast du schon gelernt:

Das **letzte Komma** bei der **Aufzählung** steht **vor** dem **letzten** aufgezählten *Attribut*, **nicht nachher!**

1) Wir verließen die *abgelegene* **,** *ungemütliche* **,** *kleine* **Hütte**.
2) Wir hatten dort einen *schrecklichen* **,** *kalten* **Winter** erlebt.

Beachte: Die *Attribute schrecklich* und *kalt* beziehen sich auf das Substantiv **Winter**. Der Winter war *schrecklich* und *kalt*. Die *Attribute* sind **gleichrangig** und müssen durch ein Komma getrennt werden.

Auf der nächsten Seite soll der **zweite Satz** ein wenig verändert werden:

Lösungen zu 261

Zeichensetzung

1

Grammatiktest

1) (a) **Fragesatz** (b) **Aussagesatz** (c) **Aufforderungssatz** (Befehlssatz)

2) (a) Heute Abend (= **adverbiale Bestimmung** der **Zeit**) / feiern (= **Prädikat**) / wir (= **Subjekt**) / im Garten (= **adverbiale Bestimmung** des **Ortes**) / meinen 12. Geburtstag (= **Akkusativobjekt**).
   (b) Meine besten Freunde (= **Akkusativobjekt**) / erwarte (= **Prädikat**) / ich (= **Subjekt**) / mit großer Aufregung (= **adverbiale Bestimmung** der **Art** und **Weise**).

3) In der vergangenen Woche hatten wir das wichtige Fest gründlich vorbereitet. Meine Freundin von nebenan hat uns auch geholfen.

4) Leider kommt meine Freundin Kerstin nicht, weil sie krank ist. Sie muss im Bett liegen, während wir feiern. Ich werde sie einladen, wenn sie wieder gesund ist.

Hier erfährst du, wie es für dich weitergeht:

*1. Möglichkeit: Du hast beim Grammatiktest **keine Fehler** gemacht und nimmst dir jetzt den **Einstufungstest I** auf **Seite 4** vor.*

*2. Möglichkeit: Du hast beim Grammatiktest **viele Fehler** gemacht, dann arbeitest du jetzt am besten den Grammatikkurs auf den Seiten 85 bis 90 durch.*

*3. Möglichkeit: Wenn du nur **wenige Fehler** gemacht hast, so kannst du dich hier informieren, **welche Seiten** du **wiederholen** sollst.*

Frage 1 → *Du hast einen oder mehr Fehler gemacht: **Seite 85** bearbeiten.*
Frage 2 → *Du hast **zwei** oder mehr Fehler gemacht: die **Seiten 85** bis **89** bearbeiten.*
Frage 3 → *Du hast einen oder mehr Fehler gemacht: **Seite 89** bearbeiten.*
Frage 4 → *Du hast einen oder mehr Fehler gemacht: **Seite 90** bearbeiten.*

*Wichtig: Auch du musst jetzt zuerst den **Einstufungstest I** auf **Seite 4** machen.*

2

Einstufungstest I

*Vergleiche nun mit deinen Satzzeichen. Hast du **Fehler** gemacht, so findest du hinter jedem Satzzeichen die **Nummer** des **Kapitels**, das du **wiederholen** sollst.*
*Beispiel: (**1.1**) bedeutet: Lerne im Kapitel **1.1** (auf Seite 6).*

„Guten Morgen**,** (**1.2**) Kinder!"**,** (**1.7**) begrüßt der Förster aus dem Bayerischen Wald eine Schulklasse**,** (**1.6**) **die** etwas über die Wiedereinbürgerung des Luchses erfahren möchte. Er erzählt: „150 Jahre sind vergangen**,** (**1.6**) **seitdem** der Luchs aus unseren Wäldern verschwunden ist. Inzwischen sind die Chancen gut**,** (**1.6**) **dass** er wieder bei uns heimisch wird.
Mit seinem gefleckten Fell**,** (**1.1**) den Pinselohren und seinem Stummelschwanz stellt der Luchs eine absolute Bereicherung unserer Tierwelt dar. Allerdings braucht die schäferhundgroße**,** (**1.1**) scheue Wildkatze riesige**,** (**1.1**) geschlossene Waldgebiete**,** (**1.1**) ruhige**,** (**1.1**) Deckung ermöglichende Landschaften und ein ausreichendes Beuteangebot.
Deshalb ist **es** kaum möglich**,** (**1.3**) diesen Tieren in freier Wildbahn zu begegnen. Außerdem ist der Luchs **darauf** spezialisiert**,** (**1.3**) nachts zu jagen. Trotzdem: Viele

Menschen sind**,** (1.5) ihr könnt das vielleicht verstehen**,** (1.5) von der Anwesenheit dieser Tiere nicht begeistert. Landwirte und Jäger haben **es** schwer**,** (1.3) sich mit der Rückkehr des Luchses abzufinden. Die Landwirte fürchten den Verlust von Schafen und Ziegen**,** (1.6) **während** die Jäger etwas anderes fürchten: den Luchs als unerwünschten Jagdkonkurrenten.
Wie jagt nun der Luchs? **Es** ist typisch für ihn**,** (1.3) sich an die Beute – Reh**,** (1.1) Gämse**,** (1.1) Fuchs**,** (1.1) Hase oder Wildschwein – bis auf 20 Meter heranzupirschen. Anschließend bereitet er sich **darauf** vor**,** (1.3) das Beutetier nach einem kurzen Sprint anzuspringen."(1.7)
Damit hat der Förster seinen Vortrag beendet**,** (1.4) die Kinder können jetzt Fragen stellen. „Ist der Luchs denn nicht für uns Menschen gefährlich?"**,** (1.7) fragt Sascha. „Oh Schreck**,** (1.2) da gehe ich nicht mehr in den Wald!"**,** (1.7) meint Kathrin. „Da musst du dir keine Sorgen machen"**,** (1.7) sagt der Förster, „der Luchs wird auch in Zukunft ein Tier bleiben**,** (1.6) **das** den Menschen meidet." (1.7)

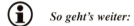

So geht's weiter:

*Wenn du **keine** oder nur **wenige Fehler** gemacht hast, dann kannst du jetzt den **Einstufungstest II** auf **Seite 29** machen. Ansonsten arbeite auf **Seite 5** weiter.*

3 Die langen**,** sonnigen**,** erholsamen Ferien sind nun leider zu Ende. Mit meinen Freunden Patrick**,** Fabian**,** Marcel und Alexander werde ich wieder endlose**,** quälende Vormittage die Schulbank drücken. Wie ich mich freue auf Hausaufgaben**,** Probearbeiten oder mündliches Abfragen! Doch der erste Tag gehört noch uns. Wir werden erzählen**,** lachen und fröhlich sein.

4 Erschöpft**,** aber glücklich erreichten die Wanderer den Gipfel. Die Wandergruppe bestand aus guten**,** wenn auch langsamen Bergsteigern. Jetzt hatte man nicht nur Hunger**,** sondern auch Durst. Jeder hatte genug zu essen dabei**,** jedoch wenig zu trinken. Gott sei Dank tröpfelte aus einem Brunnen spärliches**,** allerdings köstliches Wasser.

5 Leise**,** behutsam und vorsichtig öffnete Sanja die Türe. Ihr Freund Tom**,** ihr Bruder Stefan**,** Andreas und Mario standen hinter ihr. Die Kinder rissen die Augen auf**,** schauten und staunten. Glücklich**,** allerdings müde saß Herr Klein tatsächlich vor seinem Lottogewinn und dachte nach: Sollte er sich eine vornehme Villa kaufen**,** in den Süden ziehen oder das Geld den Armen schenken? Vielleicht genügte auch ein einfaches**,** aber schönes Häuschen? Sie mussten Herrn Klein zu seinem Glück gratulieren. Mit roten Rosen**,** gelben Nelken oder blauen Astern? Schließlich luden sie Herrn Klein zu ihren Lieblingsspeisen ein: Pfannkuchen mit Marmelade**,** Pommes mit Ketschup**,** Erdbeeren mit Sahne und Vanillepudding mit Himbeersoße. Vielleicht gab er ihnen für das einzigartige**,** vielfältige und leckere Angebot ein wenig von seinem Lottogewinn ab.

6 **Je** später es wurde**, desto** aufgeregter lief meine Mutter im Zimmer hin und her. Sie hatte **nicht nur** wegen des Gewitters Angst**, sondern auch** wegen der Dunkelheit. Endlich kamen Vater und meine Schwester nach Hause. Sie waren **einerseits** sehr erschöpft**, andererseits** glücklich da zu sein. Auf dem Heimweg hatten sie sich **teils** untergestellt**, teils** waren sie bei Blitz und Donner gelaufen.

Lösungen

7
Oh, wie seid ihr schön angezogen!
Super, die Klamotten stehen euch!
Nein wir finden sie ziemlich altmodisch.

He, was hast du für ein Problem?
Au, ich habe mir in den Finger geschnitten!
Ja das sieht man.

8
Isabelle, wann kommst du?
Hilf mir doch, Christopher!
Ich mache dir, Melanie, jetzt einen Vorschlag.

9
Das war großartig, lieber Maximilian.
Mein alter Freund, ich habe dich noch nicht vergessen.
Darf ich, sehr geehrter Herr Blüm, mit Ihrer Hilfe rechnen?

10
Pfui Tasso, lass das!
Oh Eva, das habe ich nicht gewollt!
Super Sarah, das war ein guter Sprung.

11
Ja ich komme mit dir, Lukas.
Oh, wie schön du singst, Vanessa!
Gib her, du kleiner Lausbub!
Ach Papa, lass mich doch mitfahren!

12
Guten Tag, mein Name ist Vodermayer.
Bitte nicht rauchen!
Jetzt muss ich mich leider verabschieden, auf Wiedersehen.
Danke schön, das ist mir sehr recht.
Ich flehe Sie an: Lassen Sie mich, bitte, eine einzige Zigarre rauchen!
Entschuldigung, haben Sie eigentlich eine gute Erziehung genossen?
Es geht schon, danke, ich kann mich nicht beschweren.
Aber wie vereinbart sich das mit dem Rauchen, bitte?

13

Zwischentest I:

*Nach dem **Lösungssatz 1)** findest du folgenden Hinweis: → **M.I/4**. Das bedeutet: Siehe **Merktafel I, Nr. 4**. Dort findest du die **Regel**, die für das **Komma** in Satz 1) gilt. Wenn du noch mehr darüber wissen willst, so findest du in dieser Merktafel einen Hinweis auf die **Seiten**, auf denen die **Regel erklärt** wird, das ist im Fall von **Satz 1)** die **Seite 12**.*

1) Mehr habe ich nicht, → **M.I/4** Herr Bettler.
2) Ich sage dir eines: Du bist ein richtiger Engel, → **M.I/4** mein Junge!
3) Herr Bettler, → **M.I/4** ich habe Sie schon oft gesehen.
4) Ach Kleiner, → **M.I/7** du kennst mich also schon?
5) Ja → **M.I/6** das hier ist nämlich mein Schulweg.
6) Bitte → **M.I/8** bleib noch ein bisschen.
7) Entschuldigung, → **M.I/5** aber mein Unterricht beginnt bald.

> 8) Du warst sehr freundlich**,** → **M.I/5** danke vielmals. Mein größter Wunsch: Besuch mich wieder einmal**,** → **M.I/5** bitte!
> 9) Ja → **M.I/6** gerne. Ich bringe dir dann von meinem Vater eine blaue Hose**,** → **M.I/1** seine schwarzen Lederschuhe und → **M.I/2** einen warmen Wintermantel mit. Als besondere Überraschung gibt es noch eine Flasche gutes**,** → **M.I/1** frisches Bier.
> 10) Auf Wiedersehen**,** → **M.I/5,4** Herr Bettler.
> 11) Ich kann nur eines sagen: ein liebenswerter Junge. Ach**,** → **M.I/3** wenn er nur recht bald wiederkäme!

14 *Es* ist seine größte Leidenschaft**,** ein gutes Essen zu kochen.
Ein gutes Essen zu kochen**,** *das* ist seine größte Leidenschaft.

15 Meine Eltern haben beschlossen**[,]** mich in ein Internat zu schicken.
Tanja befasst sich *damit***,** Ärztin zu werden.
Jetzt galt *es***,** den Verletzten schnell in eine Klinik zu bringen.
Familie Härtel hat die *Absicht***,** einem armen Kind zu helfen.
Dich zu verletzen**,** *das* war nicht meine Absicht.
Ich half der alten Frau**[,]** die Einkaufstasche zu tragen.

16
1) *Es* ist vorteilhaft**,** jetzt zu verkaufen.
2) Deine *Bereitschaft***,** für mich einzuspringen**,** freut mich.
3) Herr Maier fürchtet**[,]** seinen Job zu verlieren.
4) Ich wagte *es* nicht**,** Eva zu fragen.
5) Im Internet zu surfen**,** *das* ist ihre liebste Beschäftigung.
6) Er beschloss**[,]** nach Hause zu gehen.

17 Endlich waren alle da**,** das Konzert konnte beginnen. Der kleine Bär spielte auf der Trommel**,** er wurde dafür gelobt. Das Stück gefiel der Gans gut**,** sie erkundigte sich sogleich nach dem Komponisten. Die Vorstellung war beendet**,** alle Zuhörer äußerten sich höchst zufrieden. Nur die Ziege meckerte**,** ihr konnte es nämlich keiner recht machen.

18 Ich höre gerne Musik**, ja** ich liebe Musik.
Ich öffnete das Fenster**, denn** es war sehr heiß geworden.
Er ist fleißig**, allerdings** hat er trotzdem keine guten Noten.
Der Lehrer war krank**, also** fiel der Sportunterricht aus.
Jasmin liebt den Kunstunterricht**, besonders** gern zeichnet sie.
Sie hat **allerdings** kein Interesse an Tuschzeichnungen.
Sarah hatte Grippe**, daher** konnte sie nicht in die Schule gehen.
Sabrina ist krank**, trotzdem** geht sie nicht zum Arzt.
David joggt nicht gern**, dagegen** fährt er oft mit dem Rad.
Sein Freund Max ist **trotzdem** ein begeisterter Jogger.
Sein Interesse an Tennis ist gering**, genauso** langweilt ihn Schwimmen.

19 Auf einmal**,** es war gegen sieben Uhr**,** klopfte jemand ans Fenster.

Lösungen 261

20 Am späten Nachmittag, es dämmerte schon, begann es endlich zu schneien. Schon jetzt, die Terrasse war noch nicht mal weiß, richtete Papa die Schneeschaufel her. Am nächsten Morgen, Papa rannte gleich nach dem Aufstehen zum Fenster, war alles wieder grün.

21 Leo, er ist seinem Papa wirklich sehr böse, wird eine Reise ans Ende der Welt machen.

22 Der schlimme Papa, Leo will gar nicht mehr an ihn denken, hat seinen lieben Sohn des Diebstahls bezichtigt.

23 Es war schon später Nachmittag, *als wir losgingen*. Am verstummenden Gesang der Vögel merkte man, *dass sich der Tag dem Ende zuneigte*. Wir freuten uns, *weil uns noch einige kleine Sänger auf dem einsamen Weg begleiteten*. Schließlich setzten wir uns ins Gras und warteten, *bis die Sonne untergegangen war*.

24 Er ruft mich an, *ob ich ihm helfen kann*. Er ruft nämlich nur an, *wenn er etwas von mir will*. Zu meinem Ärger läuft noch die Milch über, *während ich mit ihm telefoniere*. Irgendetwas läuft immer schief, *sobald er anruft*.

25 Ich traf meinen Onkel, *der mich freudig begrüßte*. Ich fragte ihn, *wohin er gehe*. Er ging zu dem Haus, *das er kaufen wollte*. Meine Tante stand noch dort, *wo er sie verlassen hatte*. Sie sagte, *dass alles in Ordnung ist*.

26 „<u>Wer hat dich denn an diesen Laternenmast gebunden, armer Doggy?</u>", fragt Siebenkäs. „<u>Na, wer wohl? Irgendein Mensch, der glaubt, Doggys kämen nicht alleine zurecht</u>", antwortet Doggy, „<u>aber schuld bist du, weil du mir das Halsband nicht abgenommen hast.</u>" Siebenkäs fühlt sich schuldig und versucht Doggy zu trösten: „<u>Dafür hole ich dir jetzt etwas Leckeres aus der Metzgerei dort drüben.</u>"

27 „Hallo, Laura!", begrüßt Philipp sie. „Wie geht es dir?" „Nicht so gut", sagt sie, „du brauchst nur mal auf den Mondkalender zu schauen, dann weißt du warum." Philipp ist ein bisschen verwirrt: „Wieso soll ich auf den Mondkalender schauen, was ist das überhaupt?" „Der Mondkalender zeigt dir, an welchen Tagen der Mond zunimmt, wann Vollmond ist und wann wir abnehmenden Mond haben", belehrt ihn Laura. „Ist ja gut", meint Philipp, „aber was hat das damit zu tun, dass es dir heute schlecht geht?" „Der Mond hat einen großen Einfluss auf uns Menschen, und der Kalender sagt mir, dass heute die Stimmung in der Familie nicht gut ist. Außerdem ist heute ein schlechter Tag, um zu lernen. Und beides trifft leider bei mir zu!", sagt Laura traurig. „Das ist doch Blödsinn", meint Philipp. „Was verrät dir dein Mondkalender denn sonst noch alles?" „Sehr viel!", sagt Laura etwas verunsichert. „Ja, was denn nun?", will Philipp hartnäckig wissen. „Zum Beispiel, wann man gute Ideen für Hobbys hat, wann es günstig ist, für das Taschengeld einzukaufen, oder wann man eine neue Frisur testen soll", gibt Laura bereitwillig Auskunft. „Steht vielleicht auch noch drin, wann man sich verlieben soll?", sagt Philipp ein wenig spöttisch.
„Na, klar", antwortet Laura, „bei Vollmond natürlich."

28

Zwischentest II:

*Wenn du in Zusammenhang mit der **wörtlichen Rede** Fehler gemacht hast, dann sieh bitte auf den Seiten 26 und 27 nach.*

1) Die Tage wurden länger**,** → **M.II/4** der Frühling war nicht mehr weit.
2) Ende Februar**,** → **M.II/5** der letzte Schnee war eben weggeschmolzen**,** → **M.II/5** guckten die ersten Schneeglöckchen heraus.
3) Wie freute ich mich *darauf***,** → **M.II/1** die kommenden schönen Tage von Herzen zu genießen!
4) Auf einmal verspürte ich große *Lust***,** → **M.II/2** zu wandern.
5) Ich ging in den Wald**,** → **M.II/6** der gleich hinter unserem Dorf lag.
6) Die Vögel sangen um die Wette**,** → **M.II/4** es war ein herrlicher Tag.
7) Oh → **M.I/6** wenn ich doch nur meine Hausaufgaben schon gemacht hätte.
8) Ach**,** → **M.I/3** wie war das Leben schön!
9) Kaugummikauen ist nicht nur für die Zähne**,** → **M.I/1** sondern auch für das Gehirn gut.
10) Guten Morgen**,** → **M.I/4,5** Melanie**,** → **M.I/4** darf ich bitte → **M.I/8** mit dir zur Schule gehen?
11) „Na → **M.I/7** Tamara**,** → **M.I/4** wie geht's?"**,** sagt Melanie gut gelaunt.
12) Melanie kaut unentwegt**,** → **M.I/1** aber in der Schule darf sie das natürlich nicht.
13) Vor allem der Religionslehrer ärgert sich**,** → **M.II/6** weil Melanie bei ihm besonders gerne kaut.
14) Er sagt ziemlich verärgert: „Nimm sofort das Ding aus dem Mund**,** → **M.I/4** Melanie!"
15) „Wissen Sie nicht**,** → **M.II/6** dass Kaugummikauen erwiesenermaßen das geistige Arbeiten fördert?", fragt Melanie.
16) Der Lehrer macht nur eine kurze**,** → **M.I/1** unfreundliche Handbewegung: „Mein liebes Kind"**,** antwortet er**,** „ich bestimme hier**,** was für dich gut oder → **M.I/2** schlecht ist!"

29

Einstufungstest II

*Vergleiche nun mit deinen Satzzeichen. Hast du **Fehler** gemacht, so findest du hinter jedem Satzzeichen die **Nummer** des **Kapitels**, das du **wiederholen** sollst.*
*Beispiel: **(2.1)** bedeutet: Lerne im Kapitel **2.1** (ab Seite 30).*

Was geschieht**,** **(2.4)** **wenn** ein Stern im Laufe seines Lebens seinen Kernbrennstoff verbraucht hat? Er sackt in sich zusammen**,** **(2.2)** ***und zwar*** bis auf einen sehr**,** **(2.1)** sehr kleinen Punkt**,** **(2.2)** die so genannte Singularität. Diesen Vorgang aufzuhalten[**,**] **(2.3)** ist keine denkbare Kraft imstande. Der Raum um den Stern herum**,** **(2.2)** kaum vorstellbar**,** **(2.2)** krümmt sich immer stärker. Der Himmelskörper kapselt sich[**,**] **(2.2)** wie ein Tropfen vom Wasserstrahl[**,**] **(2.2)** vom übrigen Universum ab. Weder die Materie von sonnengroßen Sternen **(2.1)** noch die Strahlen des Lichts können der unvorstellbaren Schwer- und Sogkraft eines schwarzen Lochs entkommen. Nichts**,** **(2.4)** **was** einmal verschlungen wurde**,** **(2.4)** kann aus seinem Inneren jemals wieder entweichen. Das Licht**,** **(2.3)** anstatt zu leuchten**,** **(2.3)** wird unsichtbar**,** **(2.2)** ***also*** schwarz. Schwarze Löcher treiben ihr Unwesen nur an bestimmten Stellen**,** **(2.2)** ***und zwar*** in den Zentren der Galaxien. Ein schwarzes Loch gibt es**,** **(2.2)** *das ist* fast sicher**,** **(2.2)** auch in unserem Milchstraßensystem. Kein Astronom ist allerdings imstande[**,**] **(2.3)** ein schwarzes Loch zu sehen. Es verrät sich jedoch selbst durch die ungeheuer starke Wirkung seiner Schwerkraft auf die Umgebung. Was mit einem Stern**,** **(2.4)** **der** von einem schwarzen Loch verschlungen wurde**,** **(2.4)** genau passiert**,** **(2.4)** weiß heute noch niemand. **Ob** schwarze Löcher**,** **(2.2)** *und das* ist eine spekulative Frage**,** **(2.2)** eine Art Schneise in die Raumzeit schlagen können**,** **(2.4)** ist momentan eher ein Thema für Sciencefictionfilme. Ein Astronaut könnte[**,**] **(2.2)** vielleicht in ferner Zukunft[**,**] **(2.2)** durch so einen Tunnel eine Art Zeitreise unternehmen. Weitere abenteuerliche Spekulationen sind denkbar: Aus jedem schwarzen Loch könnte ein neues Universum hervorgehen. Unsere Fantasie wird durch wenig so angeregt **wie** **(2.1)** von schwarzen Löchern. Die Wissenschaftler haben[**,**] **(2.2)** zur Befriedigung unserer Neugierde[**,**]**(2.2)** die Aufgabe**,** **(1.3)** noch vieles über diese gefräßigen Monster des Universums herauszufinden.

So geht's weiter:

Wenn du **keine** *oder nur* **wenige Fehler** *gemacht hast, dann kannst du jetzt den* **Einstufungstest III** *auf* **Seite 49** *machen. Ansonsten arbeite auf* **Seite 30** *weiter.*

30 Jetzt hatte ich Lust**,** große Lust zum Wandern. Das Wetter war schön**,** sogar sehr schön. Ich wünschte meinen Freunden alles**,** alles Gute und machte mich auf den Weg. Auf den Ausflug zu verzichten[**,**] wäre schade**,** um nicht zu sagen jammerschade gewesen.

31 Tatjana spielt **sowohl** Geige **als auch** Posaune.
Wir haben **weder** einen Ausweis **noch** einen Reisepass dabei.
Rodeo ist ein abenteuerliches**,** **aber** anstrengendes Vergnügen.
Das Auto hat Ledersitze **sowie** Holzverkleidung am Armaturenbrett.
Montag**,** Dienstag **und** Mittwoch haben wir Sportfest.
Unser Land hat ein gutes**,** **aber** teures Gesundheitssystem.

32 Frau Sprint ist heute schneller gelaufen **als** gestern Herr Slow.
Der neue Spieler war besser**,** **als** es die Mannschaft erwartet hatte.
Das Empire State Building ist nicht so hoch **wie** der Eiffelturm.
Ich werde Onkel Albert **entweder** heute noch anrufen **oder** morgen bei ihm vorbeikommen.
Heute bist du so alt**,** **wie** ich es vor zehn Jahren gewesen bin.

33

Zwischentest III:

Im ersten **Lösungssatz** *findest du folgenden Hinweis:* → **M.III/3**. *Das bedeutet: Siehe* **Merktafel III, Nr. 3**. *Dort findest du die* **Regel***, die für das* **Komma** *in diesem* **Satz** *gilt. Wenn du noch mehr darüber wissen willst, so findest du in dieser Merktafel einen Hinweis auf die* **Seiten***, in denen die* **Regel** *erklärt wird, das ist in unserem Fall die* **Seite 31**.

Bei der Gestaltung eines Schulhofs sollten **sowohl** die Lehrer **als auch** → **M.III/3** die Schüler mitwirken**,** **jedoch** → **M.I/1** auch die Eltern und der Hausmeister. Schüler suchen im Schulhof **einerseits** Ruhe und Entspannung**,** **andererseits** → **M.I/1** Bewegung und Spiel **sowie** → **M.III/3** soziale Kontakte. In einer Schule in Schwaben wurde ein

> Schulhof neu angelegt **beziehungsweise** → M.III/5 der vorhandene umgestaltet. Die Klassen scheuten **weder** Arbeit **noch** → M.III/3 Mühe für das Projekt. Auf dem Gelände entstand ein Hügel mit einheimischen Wildpflanzen **sowie** → M.III/3 eine Insektennistwand mit Trockenmauer. Ein sechseckiges Holzpodest um eine Linde dient **teils** für Unterricht im Freien, **teils** → M.I/1 zum Theaterspielen. Auf einem Fantasiedrachen aus Stein kann man **entweder** sitzen **oder** → M.III/5 herumspringen. Beliebter Pausentreffpunkt ist ein hohes, **allerdings** → M.I/1 etwas enges Weidentipi. Heute sieht der Hof viel schöner aus **als** → M.III/4 vor der Neugestaltung.

34 Frau Ohnesorg geht gerne aus, *besonders bei schönem Wetter.*

35 Ich werde dich bald besuchen, *und zwar noch in dieser Woche.* Mein Koffer steht bereits im Flur, *gepackt und verschlossen.* Heute treffe ich noch Wolfgang, *meinen Mitarbeiter.* Morgen fliege ich nach Bremen. Ich war noch nie dort, *auch nicht auf der Durchreise.* Und zum Wochenende freue ich mich auf einen ganz lieben Menschen, *nämlich auf dich.*

36 Herr Maier fährt täglich in die Stadt.

37 Julia stieg, **aber** *ohne ihre Schwester,* mit uns auf den Berg. Nach Stunden erreichten wir, **wenn auch** *mit großer Anstrengung,* endlich den Gipfel. Später, **und zwar** *beim Abstieg,* ging es uns wieder besser. Trotzdem werden wir, **allerdings** *erst im Herbst,* wieder eine Bergtour machen.

38 Pilze, *insbesondere die essbaren,* sind in unseren Wäldern seltener geworden. Auf unserer Erde ist das natürliche Gleichgewicht, *die Grundlage des Lebens,* gestört. Die wichtigste Ursache, **nämlich die Luftverschmutzung,** wird sich allerdings nicht so schnell beheben lassen. Es gibt aber auch andere Gründe. Nicht selten müssen bestimmte Baumarten[,] **vor allem bei Käferbefall**[,] durch andere ersetzt werden. Das passt nicht jedem Pilz. Manche, **zum Beispiel die Steinpilze,** benötigen zum Gedeihen bestimmte Baumarten, **außerdem** *auch ein gewisses Alter der Bäume.* Leider reißen viele Pilzsammler, *das heißt vor allem Gelegenheitssammler,* Pilze mit den Wurzeln aus. Der „Profi" schneidet Pilze grundsätzlich ab, *genießbare und ungenießbare.* Die Wurzel, *Voraussetzung für das Weiterleben des begehrten „Sammlerstücks",* lässt er im Boden.

39 Skifahrer Schröder stoppt[,] **ohne** lange **zu überlegen**[,] vor dem Verbotsschild. Weiterfahren wäre absolut lebensgefährlich. Doch für einen Extremskifahrer beginnt erst hier das Abenteuer. Pascal, **statt anzuhalten,** fährt über die zwanzig Meter hohe Klippe hinaus. Den folgenden Höhenflug plant er[,] **um** eine Art Bewusstseinserweiterung **zu erleben**[,] bewusst ein. Was ist das größte Glück? Pascal, **als** hätte er keine Zeit **zu verlieren,** macht eine kurze Handbewegung: „Der Steilhang dort drüben an einem Pulvertag mit griffigem Schnee."

40 Herr Conradi bemühte sich vergebens, *sein schon etwas älteres Auto wie gewöhnlich* **zu starten.** Schließlich nahm er sich vor, *das schon recht betagte Gefährt noch am selben Tag* **zu reparieren.** Wegen des schlechten Wetters beschloss Herr Conradi[,] *die Arbeit* **zu verschieben.** Am nächsten Tag begann er[,] *den Wagen* **zu richten.**

Lösungen 261

41 Sophia lief davon**,** *ohne sich noch ein einziges Mal* **umzusehen**.
Ich bat ihn**,** *notfalls heute noch für seinen Bruder* **einzuspringen**.
Sie entschloss sich[**,**] *das Lied* **vorzusingen**.
Der Fahrer versprach**,** *den Schaden auf jeden Fall und auch sehr bald* **zu beheben**.

42 *Jetzt noch* **zu suchen**[**,**] lohnte sich wohl nicht mehr.
Die bei einem Lawinenunglück Verschütteten schnell **zu finden,** ist eine gefährliche und anstrengende Aufgabe.
Einen Schüler **zu bestrafen**[**,**] fällt manchem Lehrer leicht.
Die fest verschlossene Tür mit aller Gewalt **zu öffnen,** wagte ich nicht.

43 Ich hatte**,** *ohne auch nur im Geringsten Müdigkeit* **zu verspüren,** den Berg bestiegen.
Er ging[**,**] *statt* **sich zu bedanken**[**,**] einfach weg.
Sie öffnete**,** *um noch einmal nach den so wichtigen Papieren* **zu suchen,** ihre Handtasche.

44 Autofahrer: Ich ersuche Sie freundlich**,** nur dieses eine Mal ein Auge zuzudrücken.
Polizist: Merken Sie sich: Ich bin grundsätzlich nie bereit Augen zuzudrücken.
Autofahrer: Ich biete Ihnen**,** ohne mich auf diese Weise bei Ihnen einschmeicheln zu wollen**,** eine Tafel echte Schweizer Schokolade.
Polizist: Bedaure. Ich mag nur Gummibärchen. Ich muss Sie jetzt bitten zu zahlen.

45

Zwischentest IV:

Kinder**,** → **M.IV/3** *gemeint sind 8–11-Jährige*, → **M.IV/3** sind heute überwiegend reich**,** → **M.IV/1** *und zwar im materiellen Sinn*.
Die Kids**,** → **M.IV/3** *liebevolle Bezeichnung für unsere Kinder***,** → **M.IV/3** haben nur gute Zeiten erlebt.
Die meisten müssen sich[**,**] → **M.IV/4** *besonders vor materieller Armut*[**,**] → **M.IV/4** nicht fürchten.
Ich frage Caroline: „Vor welcher Form der Armut würdest du Angst haben**,** → **M.IV/1** *also große Angst?*"
Caroline beantwortet[**,**] → **M.IV/6** *ohne lange nachdenken* **zu müssen**[**,**] → **M.IV/6** meine Frage so: „Vor Kontaktarmut. Das Schlimmste ist[**,**] → **M.IV/7** *keine Freunde* **zu haben**."
Kinder glauben[**,**] → **M.IV/7** *auf vieles verzichten* **zu können,** → **M.IV/1** *auf Freundschaft und Liebe aber nicht*.
Kinder**,** → **M.IV/3** *also freundliche Lebewesen vor der Pubertät***,** → **M.IV/3** denken oft vernünftiger als Erwachsene.
Sie nehmen sich vor**,** → **M.IV/8** *in ihrem Leben grundsätzlich auf Gewalt* **zu verzichten**.
Ausländische Mitschüler **zu respektieren und zu achten,** → **M.IV/8** gelingt ihnen meistens besser als den Erwachsenen.
Viele Kinder**,** → **M.IV/3** *überwiegend Mädchen***,** → **M.IV/3** beschließen[**,**] → **M.IV/6** *ohne auf ihre Eltern* **zu hören,** → **M.IV/6,7** *sich fleischlos* **zu ernähren**.
Viele Kinder sind entschlossen[**,**] → **M.IV/7** *die Umwelt* **zu schützen,** → **M.IV/1** *ganz besonders die Tiere*.
Kinder wollen**,** → **M.IV/2** *und das mit Entschiedenheit***,** → **M.IV/2** nicht alle Fehler ihrer Eltern wiederholen.

46 Alex dachte an den Traum*, der ihn in der vergangenen Nacht geängstigt hatte.* Man weiß ziemlich genau*, welche Träume Kinder im Alter von zwei bis sechs Jahren quälen.* Die Kleinen fürchten sich vor allem*, wenn sie verfolgt werden oder in die Tiefe stürzen.* Früher waren es vorwiegend Geister und Teufel*, die in Träumen erschienen.* Heute sind es Monster und Zombies*, wovor sich Kinder fürchten.*

47 *Weil sie müde war,* ging Stefanie ins Bett. *Dass in dieser Nacht Vollmond war,* wusste sie nicht. *Weshalb sie schlecht geschlafen hatte,* erfuhr sie deshalb erst am nächsten Tag. *Woher die Wirkung des Mondes kommt,* ist nicht leicht zu erklären. *Dass Menschen darauf reagieren,* ist eine altbekannte Tatsache. *Wenn der Mond abnimmt,* geht vieles besser.

48 Sarah läuft schneller **als** Tim.
Dafür löst Tim die Matheprobe schneller*, als Sarah es ihm zugetraut hätte.*
Muss man überhaupt schneller sein **als** die anderen?
Vielleicht ist Schnelligkeit weniger wichtig*, als viele Leute glauben wollen.*

49 Laura muss*, wenn sie nicht bald gesund wird,* ihre Geburtstagsfeier verschieben.
Ihre Mutter bereitet*, während sie auf den Arzt wartet,* etwas Obst für die Patientin vor.
Laura beschäftigt sich indessen*, obwohl es ihr nicht sehr gut geht,* mit Englisch-Vokabeln.

50 *Wann Autos als Treibstoff kein Benzin mehr brauchen werden,* wissen wir nicht. Auf jeden Fall hat man heute schon Autos gebaut*, die mit komprimierter Luft fahren können.* Die Leute staunten*, als sie bei einer Vorführung beobachten konnten,* wie ein Mann die Auspuffgase solch eines Wagens direkt tief einatmete. Für den Mann bestand keine Gefahr*, weil beim Auspuff reinste Luft herauskam.*

51 Nicole ist noch klein*, aber weil sie gut laufen kann,* haben wir sie bei unserer Wanderung mitgenommen. Wir beeilen uns*, denn bevor das Gewitter kommt,* müssen wir zu Hause sein.

52

Zwischentest V:

Die Wohngegend*,* → **M.V/2** *die Vater für uns ausgesucht hat,* → **M.V/2** verspricht nachts einen ruhigen Schlaf. Ich bin gespannt*,* → **M.V/3** *ob die Lärmbelastung nachts tatsächlich unter 45 Dezibel liegt.* **Weil** höhere Werte Schlafstörungen und Herzerkrankungen bewirken können*,* → **M.V/1** ist dieser Grenzwert für mich sehr wichtig. *Wer in eine Wohnung einzieht,* → **M.V/1** sollte auf die Lärmbelastung achten.

53

Einstufungstest III

Vergleiche nun mit deinen Satzzeichen. Hast du **Fehler** gemacht, so findest du hinter jedem Satzzeichen die **Nummer** des **Kapitels**, das du **wiederholen** sollst.
Beispiel: (**3.5.1**) bedeutet: Lerne im Kapitel **3.5.1** *(ab Seite 55).*

Traurig und enttäuscht*,* (**3.5.1**) so wandte sich Herr Meister vom Fernsehgerät ab; eine freundlich (**3.1**) lächelnde Ansagerin hatte eben die Lottozahlen bekannt gegeben. An diesem Wochenende*,* (**3.6.2**) und damit hatte er fest gerechnet*,* (**3.6.2**) würde ihm das Glück wohlgesinnt sein. Dieses Mal war er überlegt vorgegangen*,* (**3.3**) das heißt*,* (**3.3**)

er hatte sich ein neues System ausgedacht. Eines Abends**,** (**3.5.1**) er war in Gedanken versunken an seinem Schreibtisch gesessen**,** (**3.5.1**) hatte er plötzlich zu seiner Frau gesagt: „Ich hab's"**,** (**3.6.2**) und alle Zahlen links von den Gewinnzahlen der Vorwoche angekreuzt. Er hatte so fest daran geglaubt**,** (**1.3**) zu gewinnen**,** (**3.6.2**) und nun hatte er gerade mal zwei Richtige.
Das versprach (**3.4**) kein schöner Abend mehr zu werden. Herr Meister holte sich eine Flasche guten (**3.2**) italienischen Rotwein[**,**] (**3.6.1**) und seine Frau setzte sich[**,**] (**3.5.2**) von seiner Traurigkeit angesteckt[**,**] (**3.5.2**) zu ihm aufs Sofa. Sie meinte: „Du hast doch jetzt hoffentlich genug vom Lottospielen**,** (**3.6.2**) oder?" Herr Meister blieb seiner Frau eine Antwort schuldig. Eine knappe Woche später holte er sich einen neuen Lottoschein[**,**] (**3.6.1**) und er sagte: „Den werde ich jetzt ausfüllen**,** (**3.6.2**) und zwar ohne System.
Dieses Mal**,** (**3.6.2**) und ich glaube fest daran**,** (**3.6.2**) werde ich etwas gewinnen." Der vom Glück arg (**3.1**) vernachlässigte Herr Meister kann einem Leid tun**,** (**3.6.2**) und genau das tat er auch seiner Frau. Von den vergeblichen Gewinnversuchen ihres Mannes ziemlich in Mitleidenschaft gezogen[**,**] (**3.5.2**) befasste sie sich von nun an mit der Wahrscheinlichkeitsrechnung.
Dabei erlangte sie Kenntnis von folgenden höchst (**3.1**) interessanten Tatsachen: Ihr Mann**,** (**3.5.1**) 40 Jahre alt und sich normaler Gesundheit erfreuend**,** (**3.5.1**) würde[**,**] (**3.5.2**) statistisch betrachtet[**,**] (**3.5.2**) mit einer Wahrscheinlichkeit von 1 : 500 nach einem Jahr nicht mehr leben. Und dies waren weitere beunruhigende Risiken: Mit einer Wahrscheinlichkeit von 1 : 26 000 würde er in einer Woche sterben**,** (**1.1**) mit 1 : 180 000 innerhalb der nächsten 24 Stunden (**3.6.3**) und dass es mit ihm innerhalb der nächsten Stunde zu Ende ging**,** (*Komma beim Satzgefüge*) lag immerhin mit einer Wahrscheinlichkeit von 1 : 4,5 Millionen im Bereich des Möglichen. Aber sechs Richtige im Lotto waren immer noch unwahrscheinlicher.
Ihr Mann sollte innerhalb der nächsten Stunde tot umfallen? Für Frau Meister war Lottospielen kein Thema mehr. Jetzt musste sie nur noch ihren Mann überzeugen.

So geht's weiter:

Solltest du diesen Einstufungstest ohne Fehler gemacht haben, dann bist du der König der Zeichensetzung. Du hast dann möglicherweise dieses Heft umsonst gekauft, aber die Freude über dein Können wird dir helfen, diesen Verlust zu verschmerzen. Alles Gute!

54 In den Vororten sieht man entsetzlich arme Menschen. Hier kann sich kaum jemand moderne**,** ordentliche Kleidung leisten. Fast schäme ich mich in dieser Gegend mit meinem modisch gearbeiteten Anzug. Ein offensichtlich früh gealterter Mann lächelt mir zu. Ich greife in meine voll gefüllte Geldbörse und drücke ohne nachzusehen mehrere Scheine in seine zitternde**,** rissige Hand. Dann gehe ich schnell weiter. Seine freudig aufleuchtenden Augen werde ich nicht mehr vergessen.

55

kein Gesamtbegriff	Gesamtbegriff
bitterer Tee	**schwarzer Tee**
ein *höflicher* Mann	ein **junger Mann**
die *langen* Ferien	die **großen Ferien**
das *alte* Kreuz	das **schmiedeeiserne Kreuz**

Lösungen

56 Die Kranken mussten heißen **schwarzen Tee** trinken.
Die Kranken mussten heißen**,** bitteren Tee trinken.
Am Wegrand sahen wir ein schönes**,** altes Kreuz.
Am Wegrand sahen wir ein schönes **schmiedeeisernes** Kreuz.

57
1) Viele Fieberthermometer haben eine genaue **digitale Anzeige**.
2) Im Herbst essen wir saftige **italienische Trauben**.
3) Wir saßen auf harten**,** unbequemen Bänken.
4) Das Auto verfügte über eine einfache**,** bequeme **automatische Schaltung**.
5) Die Touristen besichtigten den herrlichen **königlichen Schlosspark**.
6) Vollkornmehl ist gesünder als ausgemahlenes **weißes Mehl**.
7) Der Schulleiter sagte zu den Schülern ein paar freundliche**,** aufmunternde Sätze.

58 An *Ferienwochenenden***,** **das heißt** *am ersten Wochenende in den Ferien***,** ist der Verkehr auf den Autobahnen besonders schlimm.
Bei *Ferienbeginn***,** **das heißt,** *wenn die Leute das erste Wochenende freihaben***,** gibt es auf den Autobahnen kilometerlange Staus.
Der Lehrer sagt: „Ich werde die Sache *vergessen***,** **das heißt** deine Eltern nicht benachrichtigen."
Laura sagt: „Auch ich werde die Sache *vergessen***,** **das heißt,** ich bin Ihnen nicht mehr böse."

59 Der heutige Tag verspricht schön zu werden.
Der Lehrer drohte[**,**] den Schulleiter zu benachrichtigen.
Meine Mutter versprach mir[**,**] etwas aus der Stadt mitzubringen.
Auch: Meine Mutter versprach[**,**] mir etwas aus der Stadt mitzubringen.
Das Unternehmen drohte zu misslingen.

60 Den Ball hinter meinem Rücken **versteckt,** *so* stand ich vor meinem Vater. *Mein Vater***,** ziemlich **wütend,** wollte mir den Ball wegnehmen. Dagegen wollte *ich***,** wegen Vaters Geschrei ziemlich **entnervt,** ihn nicht hergeben. Schließlich gab mein Vater auf und ließ sich auf einen Stuhl fallen**,** völlig **erschöpft**. Mit einem Fuß siegreich auf dem Ball **stehend,** *so* feierte ich meinen Sieg.

61 Vor Schmerzen **schreiend,** *so* fand ich meinen Bruder im Keller.
*Das Mittagessen***,** von Lisa liebevoll **zubereitet,** dampfte auf dem Tisch.
Unser Nachbar kam auf uns zu**,** vor Aufregung **zitternd**.
*Diese Kirche***,** **gebaut** um 1520**,** wurde erst kürzlich renoviert.
Die alte Dame ging schnell vorüber**,** freundlich **grüßend**.
Tante Amalie ging[**,**] zutiefst **beleidigt**[**,**] hinaus. (Hier ist kein Komma vorgeschrieben**,** denn die Partizipgruppe steht nicht unmittelbar hinter dem Bezugswort *Tante Amalie*.)
*Mein Freund Andreas***,** genannt Andi**,** fährt mit uns in den Urlaub.

62 *Aus dem schützenden Nest* **gefallen**[,] war der kleine Vogel völlig hilflos. *Kläglich* **jammernd** (Komma unnötig) lag er verlassen auf der bloßen Erde. Die Eltern kümmerten sich[,] *ihrem Instinkt* **folgend**[,] nicht mehr um den Kleinen. Wenig später fand[,] *durch das Gepiepse aufmerksam* **geworden**[,] ein tierlieber alter Mann das völlig erschöpfte Tier. *Sichtlich* **verängstigt** (Komma überflüssig) ließ sich der Vogel von ihm nach Hause tragen.

63

Zwischentest VI:

Im ersten **Lösungssatz** *findest du folgenden Hinweis:* → **M.VI/5**. *Das bedeutet: Siehe Merktafel VI, Nr. 5. Dort findest du die* **Regel**, *die für das* **Komma** *in diesem* **Satz** *gilt. Wenn du noch mehr darüber wissen willst, so findest du in dieser Merktafel einen Hinweis auf die* **Seiten**, *auf denen die* **Regel** *erklärt wird, das sind in unserem Fall die* **Seiten 57–58**.

1) *Laut* **rufend** (Komma überflüssig) suchten die Kinder nach Susanne. → **M.VI/5**
2) *Von der vergeblichen Suche* **ermüdet**[,] setzten sie sich vor einer Wegkreuzung auf den warmen Waldboden. → **M.VI/4**
3) Lukas[,] *der Anführer der Gruppe*[,] war ziemlich beunruhigt. → **M.IV/3**
4) „Wir müssen sie finden[,] *und zwar bald*." → **M.IV/2**
5) Er langte sich an die Stirn: „*Liebe Susanne*[,] warum musst du bloß immer vorauslaufen?" → **M.I/4**
6) Susanne konnte *sowohl* den Weg nach Süden *als auch* den nach Norden genommen haben. → **M.III/3**
7) Die Kinder entschieden sich *dafür*[,] den Weg nach Norden zu gehen. → **M.II/1**
8) Nach *langer*[,] *ermüdender* Suche fanden sie endlich Susanne[,] *und zwar* ziemlich **erschöpft**. → **M.I/1** sowie → **M.VI/3**
9) *Einerseits* freuten sie sich[,] *andererseits* waren sie Susanne ein wenig böse. → **M.I/1**
10) Von einer großen Sorge **befreit**[,] *so* machten sich die Kinder auf den Heimweg. → **M.VI/1**
11) *Susanne*[,] wieder fröhlich ein Lied **pfeifend**[,] blieb diesmal bei der Gruppe. → **M.VI/2**

64 Murr[,] mein kleiner Kater[,] *und* Nachbars Wolfi sind nicht befreundet. Murr ist wirklich süß[,] *und* Wolfi regt sich bei jeder Kleinigkeit auf. Heute lasse ich Murr im Haus[,] weil er so ängstlich ist[,] *oder* ich gebe ihn zur Nachbarin. Ich will nämlich Jennifer[,] meine Freundin[,] *und* einen Mitschüler treffen. (Die beiden Personen sind Jennifer und der Mitschüler!) Wir wollen ein wenig bummeln *und* dann zum Eisessen gehen.

65 Plombi sagt: „Ich habe das beste Auto"[,] *und* seine Frau sagt das auch. „Am Wochenende fahren wir ins Grüne[,] *oder* wir bleiben zu Hause. Im Winter hat es wenig Sinn[,] unseren Liebling aus der Garage zu holen[,] *und* wir spielen dann lieber *Mensch ärgere dich nicht*. Übrigens haben wir beschlossen[,] dieses Auto nie mehr zu verkaufen[,] *und* dabei bleibt es."

66 Quax, *und* das ärgert Plombi, hat die Prüfung nicht bestanden. Plombi sagt: „Von heute an wirst du lernen", *und* deutet auf einen Stapel Schulbücher. Plombi denkt: Ich kaufe Bücher *und* noch mal Bücher[,] *und* der Kleine hat nur Unsinn im Kopf. „Im wirklichen Leben, *und* überhaupt immer, muss man lernen *und* noch mal lernen. Lass dir das gesagt sein. Du willst doch lernen, *oder*?" „Ich will lernen, *und* wie!", stammelt Quax.

67 Plombi trifft Waldi, seinen besten Freund, und zeigt ihm einen Knochen. „Ich gebe dir den Knochen, weil du Hunger hast[,] und weil du mein Freund bist." Plombi kümmert sich um Waldi, weil er ein gutes Herz hat, und Waldi weiß das zu schätzen. Plombi besucht Waldi regelmäßig am Wochenende oder wenn er gerade mal Lust hat.

68

Zwischentest VII:

1) Stefan besuchte in den Ferien seine Oma[,] → **M.VII/4** und Tobias blieb zu Hause.
2) Tom, mein Bruder → **M.VII/3** und Nina verreisten zusammen. (3 Personen verreisen!)
3) Ich ging in eine Gaststätte, weil ich Hunger hatte, → **M.VII/1** und bestellte ein gutes Essen.
4) In den Sommerferien, → **M.VII/2** und das ist nur zu verständlich, wollen viele Großstädter am liebsten ans Meer.
5) Die Menschen lieben unberührte Landschaften → **M.VII/3** und einsame Strände.
6) Herr Groß hielt das Auto an, als er eine schöne Stelle am Meer gefunden hatte[,] → **M.VII/4** und weil er schon ziemlich erschöpft war.
7) Plombi sagte: „Ihr beide bleibt jetzt zur Strafe da drinnen", → **M.VII/1** und verließ das Zimmer.
8) Plombi dachte: Die beiden werden es sich in Zukunft überlegen, mich zu ärgern, → **M.VII/1** und vielleicht ein wenig höflicher sein.
9) 1. Möglichkeit: Plombi beschloss die beiden eine Stunde in der Kiste zu lassen → **M.VII/5** und legte sich auf die Couch.
    2. Möglichkeit: Plombi beschloss, die beiden eine Stunde in der Kiste zu lassen, → **M.VII/5** und legte sich auf die Couch.
10) Am Nachmittag kamen Plopp, Plombis Bruder, → **M.VII/1** und Daniel (2 Personen) zu Besuch.
11) In einer Stunde → **M.VII/3** oder wenigstens in einer halben wollte Plombi die beiden wieder aus ihrem Gefängnis befreien.
12) Diese jungen Leute sind manchmal frech, → **M.VII/2** oder etwa nicht?
13) Plombi öffnete die Kiste[,] → **M.VII/4** und er konnte noch so genau hineinsehen, sie blieb trotzdem leer.
14) Plombi ging in den Garten, weil er schon einen Verdacht hatte, → **M.VII/1** und musste nicht lange suchen, bis er hinter dem Gebüsch etwas entdeckt hatte.
15) 1. Möglichkeit: Da sieht man es wieder: Plombi bemüht sich die Jugend zu erziehen → **M.VII/5** und keiner hilft ihm dabei.
    2. Möglichkeit: Da sieht man es wieder: Plombi bemüht sich, die Jugend zu erziehen, → **M.VII/5** und keiner hilft ihm dabei.

69

Abschlusstest zum Kapitel „Kommaregeln"

Üben, → M.I/1 üben, → M.I/1 üben

Ein Fußgänger fragt einen anderen: „Guten Tag, → M.I/4,5 mein Herr, → M.I/4 wie bitte → M.I/8 kommt man zur Philharmonie?" Antwortet der Herr: „Üben, → M.I/1 üben, → M.I/1 üben." Jeder weiß, → M.V/3 dass Musiker üben müssen. Aber das gilt für viele Berufe. Schauspieler müssen ihren Text lernen, → M.I/1 die Stimme trainieren, → M.I/1 sich bei vielen Proben anstrengen. Aber wer denkt schon daran, → M.V/3 dass das auch für Polizisten gilt? Lisa, → M.IV/3 eine junge Polizistin, → M.IV/3 sagt: „Ach, → M.I/3 es ist so schwierig, → M.II/1 beim Schießen die Hand ruhig zu halten! Wenn der Schuss losgeht, → M.V/1 dann reißt es einem die Hand hoch. Dieser so genannte Rückschlag erschwert das Zielen[,] → M.VII/4 und deshalb hält man die Pistole am besten mit beiden Händen. Hat man dann noch einen Fuß schräg hinter den anderen gesetzt, → M.VI/1 so kann eigentlich nichts schief gehen. Aber im Ernstfall wird man weder auf die Hände → M.III/3 noch auf die Beine achten können. Deshalb haben Polizisten die Pflicht, → M.II/2 zu üben, → M.II/4 vor allem haben sie zu lernen, → M.V/3 wie man unter Zeitdruck schießt." Raphael, → M.IV/3 20, → M.IV/3 studiert an einer Ballettakademie. Der junge Mann, → M.VI/2 eben vom Unterricht kommend, → M.VI/2 erzählt: „Wenn ich einmal eine Woche nicht trainiert habe, → M.V/1 bestraft mich mein Körper mit Schmerzen beim Üben → M.I/2 und mit Muskelkater. Wer weiß schon, → M.V/3 dass neunzig Prozent des Trainings nur aus Aufwärmen bestehen? Das hört sich vielleicht abschreckend an, → M.II/4 aber es macht trotzdem Spaß. Es ist klar, → M.V/3 dass der Tag mit Üben ausgefüllt ist, → M.VII/1 und da bleibt nur wenig Zeit für Freunde." Für Stephanie, → M.II/5 sie hält gerade ein gebogenes Röhrchen mit einem Mundstück in der Hand, → M.II/5 ist das Üben sogar lebenswichtig. Würde sie nicht täglich gewisse Medikamente nehmen → M.I/2 und Atemübungen machen, → M.V/1 dann würde sie ersticken. Sie leidet an Mukoviszidose. „Bei meiner Krankheit ist in den Lungen immer Schleim, → M.V/3 der die Bronchien verstopft. Wenn ich übe, → M.V/1 atme ich tief ein → M.I/2 und dann durch dieses Röhrchen wieder aus. Je weiter die Klappe daran geschlossen ist, → M.V/1 desto stärker muss ich ausatmen, → M.V/3 was den Schleim aus der Lunge entfernt. Ist der Schleim erst einmal in Richtung Luftröhre transportiert, → M.VI/1 so kann ich ihn abhusten." Von dieser unheilbaren (→ **siehe Merksatz auf Seite 51**) erblichen Krankheit betroffen[,] → M.VI/4 bleibt Stephanie nur die regelmäßige Übung, → M.IV/8 um mit ihrem schweren Schicksal leben zu können. Die Zeichensetzung erlernt man ebenfalls nur durch Übung. Freilich hat das nichts mit Kunst zu tun[,] → M.VII/4 und lebenswichtig sind Kommas auch nicht, → M.IV/2 das heißt, (→ **siehe Merksätze auf Seite 53**) man kann auch glücklich werden, → M.V/3 wenn man nicht alle Regeln beherrscht. Trotzdem macht es Spaß, → M.II/1 Kommas sicher und fehlerlos an die richtige Stelle zu setzen.

70 Bibliothek für Einsiedler
Unterhalb des Monte Sasso steht auf 2107 Meter Höhe eine kleine Holzhütte. Man geht vom Brennerpass zwei Stunden über einen steilen Pfad hinauf ins Niemandsland zwischen Österreich und Italien. In der armseligen Hütte findet man eine Matratze und ein Schreibpult. Auch ein Holzofen fehlt nicht. Doch der Wanderer entdeckt noch mehr. Berliner Künstler haben die Hütte erbaut und mit einer kleinen Bibliothek von 100 Büchern ausgestattet. Vorschläge zur Auswahl der Titel haben sie bei den wichtigsten lebenden Schriftstellern der Erde erhalten. Den Schlüssel zur kostenlosen Übernachtung erhält man am Bahnhof Brenner.

71 Wir müssen diese warmen Tage genießen. Finde ich auch. Nichts verstanden. Wir müssen diese warmen Tage genießen. Höchst seltsam. Sie wollen die arme Waage gießen.

72 Probieren Sie den Wagen doch einfach mal aus. Du stehst jetzt sofort auf!

73
Der Gast: Bitte holen Sie mir noch ein Glas Wasser.
Der Ober: Lassen Sie mich in Ruhe, Sie sehen doch, dass ich zu tun habe!
Der Gast: Bringen Sie sofort die Rechnung!
Der Ober: Bitte haben Sie noch etwas Geduld.

74
Tim: Ich fragte sie, ob sie mich wahnsinnig machen wolle.
Tom: Hat sie dir denn schon wieder einen Korb gegeben?
Tim: Natürlich. Sie fragte mich, wann ich sie endlich in Ruhe ließe.
Tom: Willst du sie denn endlich in Ruhe lassen?
Tim: Nie im Leben.

75
Tim: Gestern sagte Maria wütend, ich solle endlich aufgeben.
Tom: Sie hat Recht. Gib auf! (=Ausruf)
Tim: Oh Gott, niemals!
Tom: Ich denke, du solltest dich endlich mit den Tatsachen abfinden.

76 usw. – ICE – b. w. – AOK – v. Ch. – ADAC – S. – Abb. – s. o. – FAZ – ü. d. M. – i. V. – StGB – SPD

77 Du nervst mich, wenn du z. B. immer mit deinen Fingern auf die Tischplatte trommelst. Schreib jetzt endlich den Brief nach Frankfurt a. M.! Soll ich nicht besser nach München an die SZ schreiben? Vor deine Unterschrift schreibst du dann i. V.

78 Hi Boys! Wer von euch hat Lust, mir zu schreiben? Ich heiße Sabrina und feiere bald meinen 17. Geburtstag. Ich stehe total auf Daily Soaps und 1. FC Kaiserslautern. Wer von euch ist wie ich Fan von Ludwig II.? Wenn ihr mehr über mich wissen wollt, dann greift doch einfach zu Stift und Papier!

79 „Was du sagst, stimmt nicht, du l...! Schon meine Großmutter sagte immer: Lügen haben ...." „Verschon mich mit deiner G...! Die ... redet doch nur Quatsch."

Lösungen 261

80 Es sind die selbstbewussten Mädchen, die Lara in ihren Büchern liebt: Die kleine Hexe, die immer wieder ungehorsam gegenüber der Oberhexe ist; Pippi Langstrumpf, die sich von den Erwachsenen nicht allzu viel sagen lässt, ist auch für die Kinder von heute noch wichtig; schließlich die rothaarige Zora, ein unerschrockenes, mutiges Mädchen, das über eine ganze Jungenbande herrscht. *Die rote Zora* ist – wie jedes gute Kinder- und Jugendbuch – auch für Erwachsene geeignet; (hier ist auch ein Komma möglich) denn es wird darin von den großen Themen des Lebens wie Liebe, Freundschaft und Erwachsenwerden erzählt.

81 Frau Knopf sagt: „**W**ie gut, dass ich Sie sehe, Frau Liebig." Die beiden Frauen treffen sich häufig zu diesen Zeiten am Zaun: **m**orgens zwischen 8 und 9 Uhr sowie nachmittags zwischen 17 und 18 Uhr. Darüber reden sie besonders gern: **ü**ber Nachbarn, über Gesundheit und übers Essen. Dies sollte man sich merken: **N**ur wer sich mit seinen Nachbarn regelmäßig unterhält, ist gut informiert.

82 „Ich habe gewonnen."
„Niemals, es steht **4:4**!"
„So ein Quatsch! Deine Chancen gegen mich stehen vielleicht **20:80**."
„Deine Angeberei nervt mich. Ich fahre jetzt nach Hause. Mein Bus geht um **14:21** Uhr. Vielleicht laufe ich auch, ich kann nämlich viel schneller laufen als du. Neulich beim Hundemarathon brauchte ich für die Strecke genau **1:15:29** Stunden."
„Wer's glaubt!"

83 Maren möchte das Reitabzeichen machen, aber sie hat Angst vorm Springen. Was soll sie tun? Im Internet wendet sie sich an andere Pferdefreunde: „Hallo, könnt ihr mir helfen? Wie habt ihr eure Angst überwunden?" Ein Mädchen antwortet: „Ach, das ist wirklich schwierig! Da hilft nur eins: ausreiten. Wenn plötzlich ein Baum im Weg liegt, musst du eben drüber. Alles klar? Dann viel Glück!" Ein anderes Mädchen schreibt: „Ein Geheimrezept gibt es da nicht. Trotzdem: Keine Angst! Übe öfter ein paar niedrige Sprünge (Militarystrecke)! Das schaffst du auch, ohne dass du Herzflattern bekommst. Schließlich kann man auch beim Gardinenaufhängen fallen. Es ist einfach ein tolles Gefühl, wenn man den Parcours geschafft hat. Also: Zähne zusammenbeißen!" Maren denkt: Hoffentlich helfen mir all die guten Ratschläge!

84 Ich öffnete blitzschnell die Türe – das Zimmer war leer.
Mario – und das weiß niemand – hat die Prüfung nicht bestanden.
Mein Vater hat – Gott sei Dank! – seinen Arbeitsplatz behalten.
Lass mich nachdenken, es war am – 1. April!
Ich habe die Aufgabe – glaubst du mir das? – ganz alleine gelöst.
„Kommst du heute?" – „Ich denke schon."

85 Markus hat mich (obwohl er es versprochen hat) nicht mehr besucht.
Der Zahnarzt musste den Zahn extrahieren (ziehen).
Im nächsten Urlaub (wir fahren nach Arles [Südfrankreich]) kommt auch meine Freundin mit.
Die Ware muss erst im nächsten Monat bezahlt werden. (Der Betrag wird abgebucht.)
Ich freue mich auf deinen Brief (du hast doch meinen letzten erhalten?).

Lösungen

86 *Vergleiche nun mit deinen Satzzeichen. Hast du **Fehler** gemacht, so findest du hinter jedem Satzzeichen die **Nummer** des **Kapitels**, das du **wiederholen** sollst.*
*Beispiel: (**4.6**) bedeutet: Lerne im Kapitel **4.6** (ab Seite 73).*

1) Neulich haben die Spieler des 1**.** (**4.6**) FC (**4.5**) Haudrauf ein Bild von Ludwig II**.** (**4.6**), König von Bayern, in ihre Kabine gehängt, das war am 5**.** 5**.** (**4.6**)
2) Lukas meinte**:** „Der muss viel gegessen haben, weil er so f**...** (**4.7**) ist."
3) Daniel fragte ihn, ob er den König beleidigen wolle**.** (**4.4**)
4) Letzte Woche hatten die Kicker in Frankfurt a**.** M**.** (**4.5**) mit 3**:**6 (**6.2**) Toren verloren.
5) An diesem Wochenende fuhren sie zu einem Freundschaftsspiel nach Oberüberberg, einem Bergdorf, 1250 m ü**.** d**.** M**.** (**4.5**)
6) Die Mannschaft genoss die Fahrt**;** (**5.**) alle schauten aus den Fenstern, als der Bus in zahlreichen Kurven bergauf fuhr.
7) Das Spiel wurde um 14**:**30 Uhr (**6.2**) angepfiffen.
8) Mit Nachspielen dauerte es genau 1**:**35**:**20 (**6.2**) Stunden.
9) Der Rest des Tages **–** (**8.2**) es war Juni und lange hell **–** (**8.2**) gehörte dem Vergnügen.
10) Lukas und Daniel stiegen noch auf die Hochalm (1480 m)**.** (**9.**)
11) Lukas war von der Landschaft begeistert**:** (**6.1**) **d**ie Bergspitzen und Täler, die Almwiesen und dunklen Wälder. Einfach herrlich**.** (**4.2**)
12) Bei einem Heuschober machten sie Rast, als ein seltsames Geräusch sie erschreckte. Sie schlichen hinter die Hütte und entdeckten **–** (**8.1**) eine Kuh.
13) Endlich waren sie auf der Hochalm. „Ach, wie herrlich**!** (**7.**)", rief Daniel.
14) Auf der Alm gab es alles, worauf sie Appetit hatten**:** (**6.1**) Milch, Butter, Käse**;** (**5.**) Bauernbrot, Semmeln, Brezeln**;** (**5.**) außerdem verschiedene Getränke.
15) Von der Alm schrieben sie diese Karte an einen Freund**:** (**6.1**)

*Hochalm, 25***.** (**4.6**) *Juni* (**4.8**)
*Hallo, Toni***!** (**7.**)
*Grüße von der Hochalm***.** (**4.2**)
Wir sind voll gut drauf,
denn hier ist es super.
Bis morgen (**4.8**)
mit vielen Grüßen (**4.8**)

Daniel und Lukas (**4.8**)

16) Bei der Heimfahrt sagte der Sepp (Trainer des 1**.** FC Haudrauf [Oberbayern]) (**9.**) nur zwei Worte**:** (**6.1**) „Schön war's**!** (**7.**)"

87 Heute ist eine wunderbare Nacht**.** Hol mir bitte das Fernglas**!** Ich werde jetzt den herrlichen Mond betrachten**.** Ob ich wohl den Mann im Mond sehe**?** Mit diesem Glas wird das nicht möglich sein**.**

88 *Hier sind die gebräuchlichsten Umstellungen:*
Gern / ging / Sebastian / nach den langen Ferien / zur Schule.
Sebastian / ging / nach den langen Ferien / gern / zur Schule.
Am letzten Ferientag / ging / er / noch einmal / zum Schwimmen.

Er / ging / noch einmal / am letzten Ferientag / zum Schwimmen.
Vergnügt / traf / er / im Bad / bei schönstem Sonnenschein / viele Freunde.
Im Bad / traf / er / bei schönstem Sonnenschein / vergnügt / viele Freunde.

89 *träumte – bin – wandere – erscheinen – gerate*

90 **der Abfallhaufen – ich – unangenehmer Geruch – der Ausgang**

91 meine Ameisenfreunde = **Akkusativobjekt** / mir = **Dativobjekt** / mich = **Akkusativobjekt** / meine Augen = **Akkusativobjekt**

92 Ich schreibe einen Brief an meinen Freund. Das Geschäft ist geschlossen.

93 Das Fach Erdkunde ist **wegen meiner Neigung zur Faulheit** nicht gerade meine Stärke. Mein Lehrer rief mich **an einem der letzten Schultage vor den großen Ferien mit einer freundlichen Geste** vor die Klasse. Ich sollte auf der großen Wandkarte **gegenüber der Fensterwand** die Wüste Sahara zeigen. Ich suchte sie **völlig verunsichert** auf dem indischen Subkontinent. Mein Lehrer schickte mich **nach langen, quälenden Minuten** wieder auf den Platz. Vater tröstete mich: „Warum willst du wissen, wo die Sahara ist? Dort ist es doch viel zu heiß."

94 Marcel schwärmt von einem Mädchen aus der Parallelklasse: „Du kannst dir nicht vorstellen, wie reizend sie ist. Gestern in der Pause hat sie mir ein zauberhaftes Lächeln geschenkt, ihre blauen Augen leuchteten wie – ja, wie die Sterne des Himmels eben. Wenn ich nur den Mut hätte, sie anzusprechen!"

95
1) Es gibt viele Spinnenarten, sie sind leider zum Teil gefährdet. → **Satzreihe**
2) Viele Spinnen sind schön, man muss sie nur genau ansehen. → **Satzreihe**
3) Jeder bewundert ihre kunstvollen Netze, wenn sie im Morgennebel sichtbar werden.
   → **Satzgefüge**
4) Spinnen sind nützlich, weil sie schädliche Insekten jagen. → **Satzgefüge**
5) Die *Gerandete Jagdspinne* lebt am Wasser, sie jagt ohne Netz. → **Satzreihe**
6) Sie steht auf der Liste für gefährdete Tierarten, weil immer mehr Feuchtbiotope zerstört werden. → **Satzgefüge**

> Wir hatten dort einen *schrecklich kalten* **Winter** erlebt.

> Jetzt bezieht sich das *Attribut* ***schrecklich*** auf das *Attribut* ***kalt***, während sich das *Attribut* ***kalt*** auf das Substantiv **Winter** bezieht. Das heißt: Die *Attribute* sind **nicht** mehr **gleichrangig**. Es darf **kein** Komma stehen.

K Achte bei den folgenden Sätzen darauf, ob die *Attribute* **gleichrangig** sind oder nicht.

54

In den Vororten sieht man entsetzlich arme Menschen. Hier kann sich kaum jemand moderne ordentliche Kleidung leisten. Fast schäme ich mich in dieser Gegend mit meinem modisch gearbeiteten Anzug. Ein offensichtlich früh gealterter Mann lächelt mir zu. Ich greife in meine voll gefüllte Geldbörse und drücke ohne nachzusehen mehrere Scheine in seine zitternde rissige Hand. Dann gehe ich schnell weiter. Seine freudig aufleuchtenden Augen werde ich nicht mehr vergessen.

3.2 Kein Komma bei Gesamtbegriffen

Jetzt kommt ein besonderer Fall:

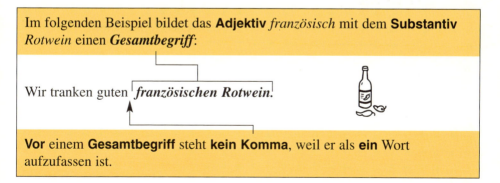

*O je, **Gesamtbegriff**, was für ein hundeelendes Wort!*

Mit **Gesamtbegriff** bezeichnet man zwei **eng** zusammengehörende Begriffe. Ein *französischer Rotwein* ist eine ganz bestimmte, einmalige Sache. In unserem Beispiel ist nicht der **Rotwein** gut, sondern der *französische Rotwein*.

Hier noch einmal ein Beispiel, wie die Kommas zu setzen sind:

Sie tranken *wohlschmeckendes, gekühltes* Bier. ◄──────── **kein** *Gesamtbegriff*
Sie tranken *dunkles **bayrisches Bier**.* ◄──────── *Gesamtbegriff*

55 Ü b e r l e g e , bei welchen Fällen es sich um **Gesamtbegriffe** handelt und bei welchen nicht. O r d n e in eine Tabelle e i n !

bitterer Tee – *schwarzer* Tee – ein *junger* Mann – ein *höflicher* Mann – die *langen* Ferien – die *großen* Ferien – das *alte* Kreuz – das *schmiedeeiserne* Kreuz

56 K Die Kranken mussten heißen schwarzen Tee trinken.
Die Kranken mussten heißen bitteren Tee trinken.
Am Wegrand sahen wir ein schönes altes Kreuz.
Am Wegrand sahen wir ein schönes schmiedeeisernes Kreuz.

57 K 1) Viele Fieberthermometer haben eine genaue digitale Anzeige.
2) Im Herbst essen wir saftige italienische Trauben.
3) Wir saßen auf harten unbequemen Bänken.
4) Das Auto verfügte über eine einfache bequeme automatische Schaltung.
5) Die Touristen besichtigten den herrlichen königlichen Schlosspark.
6) Vollkornmehl ist gesünder als ausgemahlenes weißes Mehl.
7) Der Schulleiter sagte zu den Schülern ein paar freundliche aufmunternde Sätze.

Wie hohes Fieber hast du?

3.3 Das **Komma** bei **Zusätzen**

Zusätze werden häufig mit der Wendung **das heißt** eingeleitet. Im folgenden Fall steht nach **das heißt kein** Komma:

Wir fahren *demnächst*, **das heißt** *nächste Woche*, weg.

Begründung: Die nachgestellte *Erläuterung* (zu *demnächst*) ist **kein** Satz, deshalb steht auch **kein** Komma nach **das heißt**.

Beim nächsten Beispiel ist die nachgestellte *Erläuterung* (zu *demnächst*) ein **Satz**:

Wir fahren *demnächst*, **das heißt**, *sobald ich Zeit habe*, weg.

In diesem Fall **muss** ein **Komma** stehen.

K 58
An Ferienwochenenden das heißt am ersten Wochenende in den Ferien ist der Verkehr auf den Autobahnen besonders schlimm.
Bei Ferienbeginn das heißt wenn die Leute das erste Wochenende freihaben gibt es auf den Autobahnen kilometerlange Staus.
Der Lehrer sagt: „Ich werde die Sache vergessen das heißt deine Eltern nicht benachrichtigen."
Laura sagt: „Auch ich werde die Sache vergessen das heißt ich bin Ihnen nicht mehr böse."

3.4 Infinitivgruppen, die nicht durch ein Komma abgetrennt werden dürfen

Bei manchen Infinitivgruppen **darf kein** Komma stehen.

Bei **drohen** (in der Bedeutung von „**Gefahr laufen**") steht **kein Komma**:
Das Schiff **drohte** jeden Augenblick **zu kentern**.

Aber: Vater **drohte** mir[,] sämtliche Spiele von der Festplatte **zu löschen**.

Ebenso bei **versprechen** (im Sinne von „**den Anschein haben**"):
Das Geschäft **versprach** ein voller Erfolg **zu werden**.

Aber: Teresa **versprach**[,] bald einmal bei uns **vorbeizukommen**.

59
Der heutige Tag verspricht schön zu werden.
Der Lehrer drohte den Schulleiter zu benachrichtigen.
Meine Mutter versprach mir etwas aus der Stadt mitzubringen.
Das Unternehmen drohte zu misslingen.

So viele Regeln, mich haut's um!

Bei den Verben **verstehen** und **wissen** (jeweils in der Bedeutung von „**können**") steht beim **Infinitiv mit zu** ebenfalls **kein** Komma:
Er **versteht** einen Lammbraten **zuzubereiten**. Der Herr **wusste** sich **zu benehmen**.

Dasselbe gilt für das Verb **suchen** (im Sinne von „**versuchen**"):
Der Schwimmer **suchte** sich aus seiner hoffnungslosen Lage selbst **zu befreien**.

3.5 Das **Komma** bei **Partizipgruppen**

Was sind **Partizipien**? Es gibt **zwei** Arten:

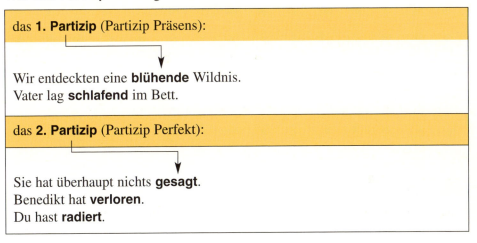

Was sind nun **Partizipgruppen**? Das sind **Partizipien** mit einer *näheren Bestimmung*, z.B. *freundlich* **grüßend**, *in warme Kleidung* **gehüllt**.

3.5.1 **Partizipgruppen**, die durch **Komma abgetrennt** werden müssen

Partizipgruppen werden vor allem in der gehobenen Sprache verwendet.
In **drei Fällen müssen** Partizipgruppen durch Kommas abgetrennt werden:

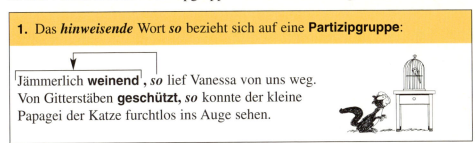

2. Wenn **Partizipgruppen** direkt **nach** ihrem *Bezugswort* stehen:

Clarissa, ganz in Decken **verpackt**, saß auf dem Balkon.
Mein Freund, herzlich **lachend,** kam auf mich zu.

3. Wenn **Partizipgruppen** am **Satzende** stehen:

Clarissa saß auf dem Balkon **,** ganz in Decken **verpackt**.
Mein Freund kam auf mich zu **,** herzlich **lachend**.

K 60   Den Ball hinter meinem Rücken versteckt so stand ich vor meinem Vater. Mein Vater ziemlich wütend wollte mir den Ball wegnehmen. Dagegen wollte ich wegen Vaters Geschrei ziemlich entnervt ihn nicht hergeben. Schließlich gab mein Vater auf und ließ sich auf einen Stuhl fallen völlig erschöpft. Mit einem Fuß siegreich auf dem Ball stehend so feierte ich meinen Sieg.

K 61   Vor Schmerzen schreiend so fand ich meinen Bruder im Keller.
Das Mittagessen von Lisa liebevoll zubereitet dampfte auf dem Tisch.
Unser Nachbar kam auf uns zu vor Aufregung zitternd.
Diese Kirche gebaut um 1520 wurde erst kürzlich renoviert.
Die alte Dame ging schnell vorüber freundlich grüßend.
Tante Amalie ging zutiefst beleidigt hinaus.
Mein Freund Andreas genannt Andi fährt mit uns in den Urlaub.

Allmählich wird mir das zu viel!

*Jetzt weißt du, wo ein Komma stehen **muss**, in den übrigen Fällen darfst du selbst entscheiden.*

3.5.2 Partizipgruppen, bei denen das Komma freigestellt ist

Hier **darf** man zum Beispiel ein Komma setzen (man muss aber nicht):

Gut **gepflegt**[,] kann man ein Auto viele Jahre lang fahren.

Die **Partizipgruppe** hat nur **eine** nähere Bestimmung: *gut*. Der Satz ist deshalb auch **ohne Komma** leicht zu verstehen.

Diese **Partizipgruppe** ist wesentlich **länger**, deshalb empfiehlt sich das Komma:

Über viele Jahre hin **gepflegt** *und immer gut* **gewartet** [,] kann man ein Auto lange fahren.

K   E n t s c h e i d e   selbst, wann ein Komma sinnvoll ist.

62

Aus dem schützenden Nest gefallen war der kleine Vogel völlig hilflos. Kläglich jammernd lag er verlassen auf der bloßen Erde. Die Eltern kümmerten sich ihrem Instinkt folgend nicht mehr um den Kleinen. Wenig später fand durch das Gepiepse aufmerksam geworden ein tierlieber alter Mann das völlig erschöpfte Tier. Sichtlich verängstigt ließ sich der Vogel von ihm nach Hause tragen.

 B e a c h t e den **Merkkasten** auf der nächsten Seite.

Auf Kommas kann verzichtet werden, wenn ein **Partizip** nur von *wenigen Wörtern* näher bestimmt wird.

Komm, lieber Schlaf.

Böse **knurrend** kam der Hund auf mich zu.
Den Kopf **gesenkt** verließ sie die Versammlung.
Er saß *ganz in Decken* **verpackt** im kalten Wohnzimmer.

Bei *längeren Bestimmungen* ist das **Komma immer sinnvoll**.

Den Kopf **gesenkt** *und mit seinem Schwanz* **wedelnd**[,] kam der Hund heran.
Das Haus wurde[,] *den umfangreichen und gut durchdachten Vorschlägen des Bauherrn* **entsprechend**[,] umgebaut.

Zwischentest VI

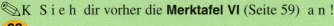K S i e h dir vorher die **Merktafel VI** (Seite 59) a n !

63

1) Laut rufend suchten die Kinder nach Susanne.
2) Von der vergeblichen Suche ermüdet setzten sie sich vor einer Wegkreuzung auf den warmen Waldboden.
3) Lukas der Anführer der Gruppe war ziemlich beunruhigt.
4) „Wir müssen sie finden und zwar bald."
5) Er langte sich an die Stirn: „Liebe Susanne warum musst du bloß immer vorauslaufen?"
6) Susanne konnte sowohl den Weg nach Süden als auch den nach Norden genommen haben.
7) Die Kinder entschieden sich dafür den Weg nach Norden zu gehen.
8) Nach langer ermüdender Suche fanden sie endlich Susanne und zwar ziemlich erschöpft.
9) Einerseits freuten sie sich andererseits waren sie Susanne ein wenig böse.
10) Von einer großen Sorge befreit so machten sich die Kinder auf den Heimweg.
11) Susanne wieder fröhlich ein Lied pfeifend blieb diesmal bei der Gruppe.

Merktafel VI

Bei **Partizipgruppen** (Mittelwortgruppen)

muss **ein Komma** stehen,	ist das Komma **freigestellt**:
wenn das hinweisende Wort *so* auf eine **Partizipgruppe** zielt: Müde und **erschöpft**, *so* kamen wir abends heim. Jämmerlich **weinend**, *so* lief Vanessa von uns weg. → S. 55	3. Wenn eine **Partizipgruppe** ziemlich lang ist, so ist das Komma freigestellt, aber sinnvoll: *Sich für das wundervolle Konzert herzlich* **bedankend**[,] *verabschiedete der Veranstalter den Pianisten.* *Mit mehreren wichtigen internationalen Preisen* **ausgezeichnet**[,] *war der Musiker dem Publikum bereits gut bekannt.* → S. 57–58
1. bei **Partizipgruppen**, die unmittelbar **nach** ihrem *Bezugswort* stehen: *Clarissa*, ganz in Decken **verpackt**, saß auf dem Balkon. *Meine Freundin*, fröhlich **lachend**, kam auf mich zu. → S. 56	4. Auf ein Komma kann verzichtet werden, wenn zur **Partizipgruppe** nur *ein* oder *zwei* Wörter hinzukommen: *Kaum* **beachtet** *ging er aufs Podium.* *Begeistert* **klatschend** *entließ ihn das Publikum.* → S. 57–58
2. bei **Partizipgruppen** am **Satzende**: Clarissa saß auf dem Balkon, ganz in Decken **verpackt**. Meine Freundin kam auf mich zu, fröhlich **lachend**. → S. 56	

3.6 Das **Komma** im Zusammenhang mit *und* bzw. *oder*

Weißt du, was meine Lieblingsregel wäre? *Nie mehr ein Komma vor **und**!*

Weil es diese Regel nie geben wird, lernst du in diesem Kapitel

1. wann man vor *und* ein Komma setzen **kann**,
2. wann man vor *und* ein Komma setzen **muss**,
3. wann man vor *und* **kein** Komma setzen **darf**.

Manchmal hat man aber, und das ist ein kleiner Trost, die Möglichkeit, selbst zu entscheiden, ob man vor *und* bzw. *oder* ein Komma setzen möchte.

3.6.1 Fälle, in denen das **Komma** vor *und* bzw. *oder* **freigestellt** ist

Bei der **Satzreihe** sowie bei **aufeinander folgenden Nebensätzen**, die durch ein einfaches *und* (*oder*) **verbunden** sind, **kann** man ein **Komma** setzen:	
Satzreihe:	Ich trat vor das Haus[,] *und* mein Vater fuhr gerade den neuen Wagen vor. Vielleicht hatte er das Auto gekauft[,] *oder* er machte nur eine Probefahrt.
Nebensätze:	Vater hupte, als er mich sah[,] *und* als meine Mutter gerade herauskam. Er fragte mich, ob ich mitfahren wolle[,] *oder* ob ich jetzt keine Zeit habe.

3.6.2 Fälle, in denen vor *und* bzw. *oder* ein **Komma** stehen **muss**

Das sind nun leider viele Regeln, und wenn man sich die merken will, dann ist das gar nicht so einfach. Zuerst will ich dich daran erinnern, wann vor *und* bzw. *oder* **kein** Komma steht:

> Verbindet *und* bzw. *oder* Glieder einer **Aufzählung**, dann steht natürlich **kein** Komma:

Philipp *und* ich gingen ins Kino. Wir trafen Michelle *und* begrüßten sie freundlich.
Wir richteten unsere Koffer her *und* bestellten ein Taxi. „Soll ich den kleinen Koffer packen *oder* inzwischen die Rechnung bezahlen?"

Die folgende Regel sagt nun, **wann** ein Komma stehen **muss**; sie ist nicht mehr schwer, weil sie logisch ist:

> Wenn ein **Beisatz (Apposition)** oder ein **Nebensatz** vorausgeht, muss vor *und* bzw. *oder* immer ein Komma stehen.

Appositionen:	Philipp**, mein Bruder,** und ich gingen ins Kino. Wir trafen Michelle**, ein Mädchen von unserer Schule,** und ihre Freundin Mareike.
Nebensätze:	Wir packten unsere Koffer**, weil das Wetter so schlecht war,** und bestellten ein Taxi. „Soll ich den kleinen Koffer packen**, der noch im Schrank steht,** oder inzwischen die Rechnung bezahlen?

K 64

Murr mein kleiner Kater und Nachbars Wolfi sind nicht befreundet. Murr ist wirklich süß und Wolfi regt sich bei jeder Kleinigkeit auf. Heute lasse ich Murr im Haus weil er so ängstlich ist oder ich gebe ihn zur Nachbarin. Ich will nämlich Jennifer meine Freundin und einen Mitschüler treffen. (Aufpassen: Sie will **zwei** Personen treffen!) Wir wollen ein wenig bummeln und dann zum Eisessen gehen.

Vor *und* steht ein Komma, wenn eine **wörtliche Rede** vorausgeht oder eine **Infinitivgruppe**, die in Kommas eingeschlossen werden **muss**:	
wörtliche Rede:	Mutter sagte: „**Ich packe den Koffer selbst**", *und* schickte mich zur Rezeption. Ich sagte: „**Das Taxi wird gleich da sein**", *und* machte mich fertig.
Infinitivgruppe:	Es ist Vaters Absicht**, das Haus zu verkaufen,** *und* er hat auch schon eine Annonce in der Zeitung aufgegeben. Wir beschlossen[,] **das Haus nicht zu renovieren**[,] *und* boten es deshalb billiger an. (Wenn man sich zu einem **freigestellten** Komma entschließt, muss man es natürlich **zweimal** setzen.)

65 K Plombi sagt: „Ich habe das beste Auto" und seine Frau sagt das auch. „Am Wochenende fahren wir ins Grüne oder wir bleiben zu Hause. Im Winter hat es wenig Sinn unseren

Liebling aus der Garage zu holen und wir spielen dann lieber *Mensch ärgere dich nicht*. Übrigens haben wir beschlossen dieses Auto nie mehr zu verkaufen und dabei bleibt es."

Ein Komma steht, wenn *und* bzw. *oder* einen **nachgestellten Schaltsatz** bzw. eine **Erläuterung einleitet** oder zu einer **Stellungnahme** gehört:	
nachgestellter Schaltsatz (Parenthese)	Maximilian**,** *und* **das weiß noch niemand,** hat die Prüfung nicht bestanden. Seine Mutter**,** *und* **das ist nur zu verständlich,** wird sehr verärgert sein, wenn sie es erfährt.
nachgestellte Erläuterung	An unserer Schule**,** *und* **auch an anderen Schulen,** müssen Probearbeiten von den Eltern unterschrieben werden. Das sollte man abschaffen**,** *und* **zwar bald**. Schüler mögen das überhaupt nicht**,** *und* **das mit Recht**.
Stellungnahme	Du willst doch**,** *oder* ? Er hat geschrien**,** *und* **wie**!

K
66 Quax und das ärgert Plombi hat die Prüfung nicht bestanden. Plombi sagt: „Von heute an wirst du lernen" und deutet auf einen Stapel Schulbücher. Plombi denkt:
Ich kaufe Bücher und noch mal Bücher und der Kleine hat nur Unsinn im Kopf. „Im wirklichen Leben und überhaupt immer muss man lernen und noch mal lernen. Lass dir das gesagt sein. Du willst doch lernen oder?" „Ich will lernen und wie!" stammelt Quax.

3.6.3 Fälle, in denen vor *und* bzw. *oder* **kein Komma** stehen darf

Innerhalb von **Aufzählungen** darf vor *und* bzw. *oder* **kein Komma** stehen, wenn **Satzglieder aufgezählt** werden oder ein **Nebensatz** als Aufzählungsglied angeschlossen wird.

Satzglieder:	**Laura, meine Schwester** *und* **Vanessa** gehen zum Eisessen. (Es gehen **drei** Personen zum Eisessen!) **Morgen** *oder* **übermorgen** wollen sie mich auch mitnehmen.
Nebensatz:	Ich hörte von ihrem Erfolg *und* **dass sie einen Preis bekommen hat**. Sie trainiert mit Begeisterung *und* **weil sie ehrgeizig ist**. Sie will uns morgen besuchen *oder* **wenn sie Zeit hat**.

 K
67 Plombi trifft Waldi seinen besten Freund und zeigt ihm einen Knochen. „Ich gebe dir den Knochen weil du Hunger hast und weil du mein Freund bist." Plombi kümmert sich um Waldi weil er ein gutes Herz hat und Waldi weiß das zu schätzen. Plombi besucht Waldi regelmäßig am Wochenende oder wenn er gerade mal Lust hat.

Merktafel VII

Im Zusammenhang mit *und* bzw. *oder* steht ein **Komma**,	
1. wenn ein **Beisatz** vorausgeht, ein **Nebensatz**, eine **wörtliche Rede** oder eine **Infinitivgruppe**, die in **Kommas** eingeschlossen werden muss:	• Tom**,** mein Bruder**,** *oder* Lisa übernimmt die Fahrtkosten. • Ich aß**,** **weil ich hungrig war,** *und* legte mich dann ein wenig hin. • Er sagte: „Ich rufe an"**,** *und* ich wartete noch so lange. • Ich freue mich darauf**, dich zu sehen,** und grüße dich herzlich. → S. 61–62
2. wenn *und* einen **nachgestellten Schaltsatz** einleitet, eine **Erläuterung** oder eine **Stellungnahme**:	• Morgen**,** *und* **ich glaube fest daran,** schreibe ich eine gute Note. • Ich komme**,** *und* **zwar gleich.** • Du kommst doch**,** *oder* **etwa nicht?** → S. 62

Im Zusammenhang mit *und* bzw. *oder* steht **kein Komma**,	
3. wenn **Satzglieder** aufgezählt werden oder ein **Nebensatz**:	• Michael**,** Sven und Tamara blieben noch bei uns. • Ich hörte von seinem Pech**,** seinem Ärger und **dass er zahlen muss.** → S. 63

Im Zusammenhang mit *und* bzw. *oder* ist das **Komma freigestellt** ...	
4. bei der **Satzreihe**: (auch bei **aufeinanderfolgenden Nebensätzen**, siehe Seite 60)	• Wir suchten den Schlüssel[,] und schließlich fand ihn meine Schwester in Mutters Tasche. → S. 60
5. Entschließt man sich – wenn es **freigestellt** ist – zu einem **Komma**, so muss es natürlich **zweimal** stehen:	• Er ging[,] um Martin zu begrüßen[,] und kam dann ins Haus zurück. → S. 62

Zwischentest VII

✎K Hier musst du nur die Kommas vor **und** bzw. **oder** setzen.

68

1) Stefan besuchte in den Ferien seine Oma und Tobias blieb zu Hause.
2) Tom, mein Bruder und Nina verreisen zusammen. (3 Personen verreisen!)
3) Ich ging in eine Gaststätte, weil ich Hunger hatte und bestellte ein gutes Essen.
4) In den Sommerferien und das ist nur zu verständlich, wollen viele Großstädter am liebsten ans Meer.
5) Die Menschen lieben unberührte Landschaften und einsame Strände.
6) Herr Groß hielt das Auto an, als er eine schöne Stelle am Meer gefunden hatte und weil er schon ziemlich erschöpft war.
7) Plombi sagte: „Ihr beide bleibt jetzt zur Strafe da drinnen" und verließ das Zimmer.

8) Plombi dachte: Die beiden werden es sich in Zukunft überlegen, mich zu ärgern und vielleicht ein wenig höflicher sein.
9) Plombi beschloss die beiden eine Stunde in der Kiste zu lassen und legte sich auf die Couch.
10) Am Nachmittag kamen Plopp, Plombis Bruder und Daniel (2 Personen) zu Besuch.
11) In einer Stunde oder wenigstens in einer halben wollte Plombi die beiden wieder aus ihrem Gefängnis befreien.
12) Diese jungen Leute sind manchmal frech oder etwa nicht?
13) Plombi öffnete die Kiste und er konnte noch so genau hineinsehen, sie blieb trotzdem leer.

14) Plombi ging in den Garten, weil er schon einen Verdacht hatte und musste nicht lange suchen, bis er hinter dem Gebüsch etwas entdeckt hatte.
15) Da sieht man es wieder: Plombi bemüht sich die Jugend zu erziehen und keiner hilft ihm dabei.

Den **Abschlusstest** zu den **Kommaregeln** findest du auf Seite 66.

Abschlusstest zum Kapitel „Kommaregeln"

🔖K Üben üben üben

69 Ein Fußgänger fragt einen anderen:„Guten Tag mein Herr wie bitte kommt man zur Philharmonie*?" Antwortet der Herr: „Üben üben üben."
Jeder weiß dass Musiker üben müssen. Aber das gilt für viele Berufe. Schauspieler müssen ihren Text lernen die Stimme trainieren sich bei vielen Proben anstrengen. Aber wer denkt schon daran dass das auch für Polizisten gilt? Lisa eine junge Polizistin sagt: „Ach es ist so schwierig beim Schießen die Hand ruhig zu halten! Wenn der Schuss losgeht dann reißt es einem die Hand hoch. Dieser so genannte Rückschlag erschwert das Zielen und deshalb hält man die Pistole am besten mit beiden Händen. Hat man dann noch einen Fuß schräg hinter den anderen gesetzt so kann eigentlich nichts schief gehen. Aber im Ernstfall wird man weder auf die Hände noch auf die Beine achten können. Deshalb haben Polizisten die Pflicht zu üben vor allem haben sie zu lernen wie man unter Zeitdruck schießt."
Raphael 20 studiert an einer Ballettakademie. Der junge Mann eben vom Unterricht kommend erzählt:„Wenn ich einmal eine Woche nicht trainiert habe bestraft mich mein Körper mit Schmerzen beim Üben und mit Muskelkater. Wer weiß schon dass neunzig Prozent des Trainings nur aus Aufwärmen bestehen? Das hört sich vielleicht abschreckend an aber es macht trotzdem Spaß. Es ist klar dass der Tag mit Üben ausgefüllt ist und da bleibt nur wenig Zeit für Freunde."
Für Stephanie sie hält gerade ein gebogenes Röhrchen mit einem Mundstück in der Hand ist das Üben sogar lebenswichtig. Würde sie nicht täglich gewisse Medikamente nehmen und Atemübungen machen dann würde sie ersticken. Sie leidet an Mukoviszidose. „Bei meiner Krankheit ist in den Lungen immer Schleim der die Bronchien verstopft. Wenn ich übe atme ich tief ein und dann durch dieses Röhrchen wieder aus. Je weiter die Klappe daran geschlossen ist desto stärker muss ich ausatmen was den Schleim aus der Lunge entfernt. Ist der Schleim erst einmal in Richtung Luftröhre transportiert so kann ich ihn abhusten." Von dieser unheilbaren erblichen Krankheit betroffen bleibt für Stephanie nur die regelmäßige Übung um mit ihrem schweren Schicksal leben zu können.
Die Zeichensetzung erlernt man ebenfalls nur durch Übung. Freilich hat das nichts mit Kunst zu tun und lebenswichtig sind Kommas auch nicht das heißt man kann auch glücklich werden wenn man nicht alle Regeln beherrscht. Trotzdem macht es Spaß Kommas sicher und fehlerlos an die richtige Stelle zu setzen.

* Konzertsaal

Weitere Satzzeichen

4. Der **Punkt**

4.1 Der **Punkt** als **Schlusszeichen** von Sätzen

Ich denke, das wird ein angenehmes Kapitel.

Doggy hat Recht. Du kennst dich mit Sätzen gut aus, dann wirst du mit **Punkt**, **Frage**- und **Ausrufezeichen** keine besonderen Schwierigkeiten haben. In den folgenden Merkkästen findest du jeweils wichtige Regeln.

Der **Punkt** kennzeichnet das **Ende** eines **Aussagesatzes**:

Endlich scheint wieder die Sonne.
Die Leute gehen zum Baden.
Man tummelt sich im Wasser oder genießt am Strand die Sonne.

Dem **Punkt** folgt eine **Sprechpause**; er verlangt in der Regel das **Senken** der **Stimme**.

70

S e t z e **nur Punkte**, keine anderen Satzzeichen!
Ü b e r s c h r e i b e die Satzanfänge groß.

Bibliothek für Einsiedler
Unterhalb des Monte Sasso steht auf 2107 Meter Höhe eine kleine Holzhütte man geht vom Brennerpass zwei Stunden über einen steilen

Pfad hinauf ins Niemandsland zwischen Österreich und Italien in der armseligen Hütte findet man eine Matratze und ein Schreibpult auch ein Holzofen fehlt nicht doch der Wanderer entdeckt noch mehr Berliner Künstler haben die Hütte erbaut und mit einer kleinen Bibliothek von 100 Büchern ausgestattet Vorschläge zur Auswahl der Titel haben sie bei den wichtigsten lebenden Schriftstellern der Erde erhalten den Schlüssel zur kostenlosen Übernachtung erhält man am Bahnhof Brenner

4.2 Der **Punkt** nach **eigenständigen Satzgliedern**

Das ist wieder mal so ein fürchterlicher Ausdruck: **eigenständig**. *Total unverständlich. Nichts für Doggys.*

Doggy hat – ohne es zu wissen – selbst Beispiele für **eigenständige** Satzglieder gebracht: Er sagte: „*Total unverständlich. Nichts für Doggys.*" Das sind keine vollständigen Sätze, sondern nur **Satzglieder**, die allerdings für sich allein stehen können (= **eigenständig**). Deshalb steht ein **Punkt** nach ihnen.

71 Worüber diese alten Herren wohl sprechen? Du kannst es im folgenden Text erfahren. S e t z e **sechs Punkte** an die richtigen Stellen (keine anderen Satzzeichen)!

Wir müssen diese warmen Tage genießen finde ich auch nichts verstanden wir müssen diese warmen Tage genießen höchst seltsam sie wollen die arme Waage gießen

4.3 Der **Punkt** nach **Aufforderungssätzen**, die **ohne Nachdruck** gesprochen werden

72 In beiden Sprechblasen stehen die **Aufforderungssätze** jeweils ohne Satzzeichen.
Wo genügt ein **Punkt** (das ist der Fall, wenn der Satz ohne besonderen Nachdruck gesprochen wird), wo muss ein **Ausrufezeichen** stehen?

73 In den folgenden **Sätzen** fehlen jeweils die **Schlusszeichen**.
Wo kann ein **Punkt** stehen (**ohne Nachdruck** gesprochen), wo **muss** ein **Ausrufezeichen** stehen (**mit Nachdruck** gesprochen)?

Der Gast: Bitte holen Sie mir noch ein Glas Wasser
Der Ober: Lassen Sie mich in Ruhe, Sie sehen doch, dass ich zu tun habe
Der Gast: Bringen Sie sofort die Rechnung
Der Ober: Bitte haben Sie noch etwas Geduld

4.4 Der **Punkt** nach **indirekten Frage-** und **Ausrufesätzen**

*Ich dachte immer: Nach einem **Fragesatz** steht ein **Fragezeichen**.*

*Stimmt ja auch. Aber ein **indirekter Fragesatz** ist eben kein richtiger Fragesatz.*

Der Professor hat Recht. Wie immer.

Beispiel: *Ich fragte Max, ob er Zeit habe.* Mit diesem Satz berichte ich *indirekt*, was ich gefragt habe, d.h., ich frage **nicht direkt**. Sonst müsste es nämlich heißen: „Max, hast du Zeit?"
Nur wenn **direkt** gefragt wird, steht ein **Fragezeichen**, sonst ein **Punkt**.

74 Hier findest du **direkte** und *indirekte* Fragesätze.
S e t z e jeweils einen **Punkt** beziehungsweise ein **Fragezeichen**.

    Tim: Ich fragte sie, ob sie mich wahnsinnig machen wolle
    Tom: Hat sie dir denn schon wieder einen Korb gegeben
    Tim: Natürlich. Sie fragte mich, wann ich sie endlich in Ruhe ließe
    Tom: Willst du sie denn endlich in Ruhe lassen
    Tim: Nie im Leben

75 Ebenso steht nach *abhängigen* **Aufforderungssätzen** ein **Punkt**.
S e t z e einen Punkt oder ein Ausrufezeichen.

    Tim: Gestern sagte Maria wütend, ich solle endlich aufgeben
    Tom: Sie hat Recht. Gib auf
    Tim: Oh Gott, niemals
    Tom: Ich denke, du solltest dich endlich mit den Tatsachen abfinden

Es ist Zeit, sich die letzten Regeln noch einmal ins Gedächtnis zu rufen.

Ein **Punkt** steht:	
nach **Aussagesätzen**:	Die Erde ist rund.
nach **eigenständigen Satzgliedern**:	Stimmt.
nach **Aufforderungssätzen** (ohne Nachdruck gesprochen):	So lauf doch mit mir um die Erde herum.
nach **indirekten Fragesätzen**:	Ich frage ihn, wie er sich das vorstellt.

4.5 Der **Punkt** nach **voll** und **buchstabenweise gesprochenen Abkürzungen**

Siebenkäs:	Manche Abkürzungen kommen nur in der **geschriebenen Sprache** vor.
Doggy:	Jetzt redest du wieder mal wie ein typischer Professor.
Siebenkäs:	Nein, du kapierst bloß nichts. Was liest du denn an der Türe, wenn du zu deinem Hundedoktor gehst?
Doggy:	Dr. Wolfgang Vierbein, Tierarzt.
Siebenkäs:	Siehst du! Und da ist auch eine Abkürzung dabei. Kannst du sie mal aufschreiben?
Doggy:	Ist doch ganz einfach! (*Doggy schreibt auf das Blatt „Dr."*.)
Siebenkäs:	Und jetzt sag mal, was du geschrieben hast!
Doggy:	Doktor.
Siebenkäs:	Hast du nicht, hier steht „Dr.".
Doggy:	Aber das sagt doch kein Mensch!
Siebenkäs:	Eben. Aber **schreiben** tut man's, und zwar mit einem **Punkt** dahinter.
Doggy:	Also wie bei z.B. Aber da steht noch was: Mitglied im VDH.
Siebenkäs:	Das heißt: Mitglied im Verband deutscher Hundefreunde.
Doggy:	Wie schön. Aber warum steht auf der Tafel nach VDH kein Punkt?
Siebenkäs:	Weil man buchstabenweise spricht: Vau – De – Ha.

Nach **Abkürzungen** steht in der Regel	
ein **Punkt**, wenn sie im **vollen Wortlaut** gesprochen werden:	**kein Punkt**, wenn sie **buchstabenweise** gesprochen werden:
geb. (gelesen: geboren) S. (gelesen: Seite) vgl. (gelesen: vergleiche)	EU = Europäische Union Kfz = Kraftfahrzeug U-Bahn = Untergrundbahn

76 S c h r e i b e nun zu folgenden Ausdrücken die entsprechenden Abkürzungen a u f ! V e r g i s s die **Punkte** nicht!

und so weiter – Intercityexpress – bitte wenden – Allgemeine Ortskrankenkasse – vor Christus – Allgemeiner Deutscher Automobil-Club – Seite – Abbildung – siehe oben – Frankfurter Allgemeine Zeitung – über dem Meeresspiegel – in Vertretung – Strafgesetzbuch – Sozialdemokratische Partei Deutschlands

*Was schreibe ich, wenn am Schluss eines Satzes eine **Abkürzung mit Punkt** steht? Beispiel:* Meine Hundehütte liegt 500 m ü.d.M. *Mache ich **einen** Punkt oder **zwei**?*

*Du machst natürlich nur **einen** Punkt.*

M e r k e : Der Abkürzungspunkt **ersetzt** einen **zweiten** Punkt. Er ersetzt jedoch nicht ein **Fragezeichen** oder ein **Ausrufezeichen**.

Beispiele: Wohnst du in Frankfurt a.M.?
Schreiben Sie nur noch Professor S.!

77 S e t z e die fehlenden Satzzeichen e i n !

Du nervst mich, wenn du z B immer mit deinen Fingern auf die
Tischplatte trommelst Schreib jetzt endlich den Brief nach Frankfurt
a M Soll ich nicht besser nach München an die SZ schreiben Vor deine
Unterschrift schreibst du dann i V

4.6 Der **Punkt** als Zeichen bei der **Ziffernschreibung**

Der **Punkt** steht bei **Ordnungszahlen** (z.B. *erster, zweiter, dritter*).
Diese Regel ist so einfach, dass einige Beispiele dazu genügen.

Beispiele: Samstag, den 2.2.2002
               mein 16. Geburtstag
               der 1. Weltkrieg
               Friedrich II., König von Preußen
               1. FC Köln

Steht die Ordnungszahl am Schluss eines Satzes, so gelten dieselben Regeln wie
bei Abkürzungen (Seite 72):

Beispiele: Wir besuchen euch am 2.3.
               Ich verehre Ludwig II.
               Du schreibst den Brief bis spätestens 1.3.!
               Kommt Tante Isolde nun am 14.3.?

78 S e t z e die fehlenden Satzzeichen!

Hi Boys! Wer von euch hat Lust, mir zu
schreiben? Ich heiße Sabrina und feiere
bald meinen 17 Geburtstag. Ich stehe total
auf Daily Soaps und 1 FC Kaiserslautern
Wer von euch ist wie ich Fan von Ludwig II?
Wenn ihr mehr über mich wissen wollt, dann
greift doch einfach zu Stift und Papier!

4.7 Der Punkt als **Auslassungspunkt**

Mit **drei Punkten** (man sagt *Auslassungspunkte*) deutet man an, dass in einem **Wort**, in einem **Satz** oder in einem **Text** etwas ausgelassen worden ist.

Auslassungspunkte geben an, dass

ein **Wort** unvollständig ist:	Ich kenne ein Tier, das beginnt mit „E". Du weißt es nicht, du bist ein E...! Das Wort endet mit „l".
ein **Satz** unvollständig ist:	Und wenn sie nicht gestorben sind ... Bitte keine Märchen! Scher dich zum ...!
ein **Text** unvollständig ist:	Frau Zwitscher verbrachte den Nachmittag gemütlich in der Hängematte. ... „Wie kommen Sie in den Garten?", erregte sich Frau Zwitscher. ... „Na, dann bleiben Sie halt ein bisschen."

Wo stehen *Auslassungspunkte* **genau?**

Wenn **Buchstaben** *ausgelassen* werden:	Wenn **Wörter** oder **Sätze** *ausgelassen* werden:
Du bist ein E...! Er ist ein Sch...kerl.	Du meinst, er ... ?
Die *Auslassungspunkte* schließen **unmittelbar** an den **Rest** des Wortes an**.**	**Vor** und **nach** den *Auslassungspunkten* lässt man den normalen **Wortzwischenraum**.

79 Alles, was im folgenden Text **fett gedruckt** ist, soll *ausgelassen* werden, d.h., es sollen dafür *Auslassungspunkte* gesetzt werden.

„Was du sagst, stimmt nicht, du **lügst**! Schon meine Großmutter sagte immer: Lügen haben **kurze Beine**." „Verschon mich mit deiner **Groß-mutter**! Die **Alte** redet doch nur Quatsch."

4.8 Kein Punkt nach frei stehenden Zeilen

Ich kenne frei herumlaufende Hunde – aber frei stehende Zeilen?

Kennst du *frei stehende* Zeilen? Du weißt natürlich, was gemeint ist, wenn ich dir Beispiele nenne:

Überschriften – Datumszeilen – Schlussformeln in Briefen usw.

Diese **Sätze** oder **Satzstücke** haben eines gemeinsam: Sie stehen **allein** (*frei!*) und vom übrigen Text abgesetzt.

Im folgenden Brief gibt es eine Menge *frei stehende Zeilen*.

Doggy
Hundeweg 7
23909 Hundebusch

Herrn Professor
Siebenkäs
Kluggasse 13
54570 Sauerseifen

Hundebusch, 1. April 2010

Lieber Siebenkäs,
schade, dass ich so lange nichts mehr von dir gehört habe. Du wirst es kaum glauben, aber deine klugen Reden gehen mir irgendwie ab.
Komm doch einfach mal bei mir vorbei!
Bis zu unserem Treffen verbleibe ich

mit hundefreundlichen Grüßen
dein Doggy

5. Das **Semikolon**

Das Semikolon wird auch „Strichpunkt" genannt; viele Leute, nicht nur Kinder, können allerdings mit diesem Satzzeichen nur wenig anfangen. Dabei ist seine Anwendung ziemlich einfach; vor allem hat der Schreiber hier mehr Freiheiten als bei anderen Satzzeichen.

> Das **Semikolon** bezieht eine Stellung **zwischen** Komma und Punkt: Es **trennt stärker** als ein **Komma** und **schwächer** als ein **Punkt**.
> Dies sind seine häufigsten Anwendungen:

1. Es grenzt **Wortgruppen** bei **Aufzählungen** voneinander ab:

> In unserem Garten pflanzen wir Salat, Kohl, Zwiebeln**;** Rosen, Nelken, Astern**;** außerdem verschiedene Ziersträucher.

2. Es grenzt **Hauptsätze** oder **Satzgefüge** voneinander ab:

> Die Straßen waren wie ausgestorben**;** vereinzelte Schneeflocken tanzten im Wind. Wir beschlossen, einen Spaziergang zu machen**;** wenn wir bei Tageslicht gehen wollten, mussten wir uns beeilen.

> **Merke**: Ein Semikolon kann nie zwischen **Haupt-** und **Nebensatz** stehen!

S e t z e sämtliche **Kommas**, **Semikolons** und **Punkte**!

80 Es sind die selbstbewussten Mädchen die Lara in ihren Büchern liebt: Die kleine Hexe die immer wieder ungehorsam gegenüber der Oberhexe ist Pippi Langstrumpf die sich von den Erwachsenen nicht allzu viel sagen lässt ist auch für die Kinder von heute noch wichtig schließlich die rothaarige Zora ein unerschrockenes mutiges Mädchen das über eine ganze Jungenbande herrscht *die rote Zora* ist – wie jedes gute Kinder- und Jugendbuch – auch für Erwachsene geeignet denn es wird darin von den großen Themen des Lebens wie Liebe Freundschaft und Erwachsenwerden erzählt

6. Der **Doppelpunkt**

6.1 Der **Doppelpunkt** als **Ankündigungszeichen**

Ein **Doppelpunkt kündigt** etwas **an**.

Von meinem Zimmer aus sehe ich, was die Menschen im Nachbarhaus machen**:** Ein junger Mann spielt Trompete, eine Frau putzt das Fenster, ein Kind arbeitet am Schreibtisch und ein Mann sitzt vor dem Fernseher.

Nach dem **Doppelpunkt** schreibt man	
groß,	**klein,**
wenn eine *wörtliche Rede* folgt:	wenn *unzusammenhängende Einzelwörter* folgen:
Frau Maier sagt**:** *„Der Jan übt wieder mal Trompete."*	Diese Schultage mag Florian gar nicht: *den Montag und den Donnerstag.*
wenn ein *selbstständiger Satz* folgt:	wenn *unselbstständige Wortgruppen* folgen:
In der Hausordnung steht**:** *Das Musizieren ist nach 22 Uhr nicht gestattet.*	Herr Guck sieht besonders zu diesen Zeiten fern: *nachmittags von 16 bis 18 Uhr und abends ab 20 Uhr.*

81 Unterstreiche jeweils den **richtigen Anfangsbuchstaben**!

Frau Knopf sagt**:** „w/Wie gut, dass ich Sie sehe, Frau Liebig."
Die beiden Frauen treffen sich häufig zu diesen
Zeiten am Zaun**:** m/Morgens zwischen 8 und
9 Uhr sowie nachmittags zwischen 17 und 18 Uhr.
Darüber reden sie besonders gern**:** ü/Über Nachbarn, über Gesundheit und übers Essen. Dies
sollte man sich merken**:** n/Nur wer sich mit
seinen Nachbarn regelmäßig unterhält, ist gut informiert.

6.2 Der **Doppelpunkt** als **Verhältniszeichen**

*Das habe ich gelernt: Der Doppelpunkt ist ein **Ankündigungszeichen**. Er steht überall, wo etwas angekündigt wird. Warum muss ich mich jetzt noch mal damit befassen?*

*Deshalb: Der Doppelpunkt ist nicht nur ein Ankündigungszeichen, sondern auch ein **Verhältniszeichen** zwischen Ziffern.*

Jetzt versteht Doggy überhaupt nichts mehr. Doch die Sache ist einfacher, als sich das Wort „Verhältniszeichen" anhört.
Wann immer im Zusammenhang mit Ziffern das Wörtchen „**zu**" gesprochen wird, schreibt man dafür einen **Doppelpunkt**.

👓 Studiere die folgenden Beispiele!

So wird **gesprochen**:	So wird **geschrieben**:
Das Spiel steht 4 **zu** 3.	Das Spiel steht 4 **:** 3.
Der Maßstab beträgt 1 **zu** 1000.	Der Maßstab beträgt 1 **:** 1000.
Seine Chancen stehen 50 **zu** 50.	Seine Chancen stehen 50 **:** 50.

Alles klar? Darüber hinaus wird der **Doppelpunkt** vor allem bei **Zeitangaben** gebraucht.

> Der **Doppelpunkt** ist zu verwenden, wenn **Zeit gemessen** werden soll:
>
> **Beispiel**: Der Segler brauchte für die Strecke 3**:**26**:**14 Stunden.
>
> Und so wird diese Zeitangabe gelesen:
> Der Segler brauchte für die Strecke
> 3 Stunden, 26 Minuten, 14 Sekunden.

> Auch bei der **Uhrzeit** soll der **Doppelpunkt** verwendet werden.
> **Jede Zeiteinheit** wird dann **zweistellig** geschrieben:
>
> Sieh mal, Liebling, unser Zug fuhr bereits um 08:00 Uhr. Der nächste geht erst um 10:12 Uhr.
> Was tun wir denn währenddessen?

Sicher kannst du nun die folgende Aufgabe lösen:

82 S c h r e i b e jeweils mit **Doppelpunkt**:
„Ich habe gewonnen."
„Niemals, es steht **4 zu 4**!"
„So ein Quatsch! Deine Chancen gegen mich stehen vielleicht **20 zu 80**."

„Deine Angeberei nervt mich. Ich fahre jetzt nach Hause. Mein Bus geht um **14 Uhr**, **21 Minuten**. Vielleicht laufe ich auch, ich kann nämlich viel schneller laufen als du. Neulich beim Hundemarathon brauchte ich für die Strecke genau **1 Stunde**, **15 Minuten**, **29 Sekunden**."

„Wer's glaubt!"

7. Frage- und Ausrufezeichen

Das **Fragezeichen** steht 1. nach **direkten Fragesätzen**:	Das **Ausrufezeichen** steht 1. nach **Aufforderungssätzen**:
Willst du etwas zu essen? Weißt du, wie sie heißt?	Verlassen Sie sofort den Raum! Kein Zutritt!
2. nach **Fragesätzen** mit der **Wortstellung** eines **Aussagesatzes**:	**2.** nach **Wunschsätzen**:
Es hat geregnet? Du willst dich abmelden?	Wenn wir bloß schon zu Hause wären!
	3. nach **Ausrufesätzen**:
	Das ist ja unglaublich! Ach, das ist herrlich!

83 S e t z e im folgenden Text sämtliche **Punkte**, **Fragezeichen** und **Ausrufezeichen**! (**Keine** anderen Satzzeichen!)
Ü b e r s c h r e i b e Satzanfänge **groß**!

Maren möchte das Reitabzeichen machen, aber sie hat Angst vorm Springen was soll sie tun im Internet wendet sie sich an andere Pferdefreunde: „Hallo, könnt ihr mir helfen wie habt ihr eure Angst überwunden" ein Mädchen antwortet: „Ach, das ist wirklich schwirig da hilft nur eins: ausreiten wenn plötzlich ein Baum im Weg liegt, musst du eben drüber alles klar dann viel Glück" ein anderes Mädchen schreibt: „Ein Geheimrezept gibt es da nicht trotzdem: keine Angst übe öfter ein paar niedrige Sprünge (Militarystrecke) das schaffst du auch, ohne dass du Herzflattern bekommst schließlich kann man auch beim Gardinenaufhängen fallen es ist einfach ein tolles Gefühl, wenn man den Parcours geschafft hat also: Zähne zusammenbeißen" Maren denkt: Hoffentlich helfen mir all die guten Ratschläge

Manche Reiter springen sogar über Wassergräben! Wozu gibt es Ruderboote?

8. Der **Gedankenstrich** innerhalb des Satzes

8.1 Der **einfache Gedankenstrich**

Der **einfache Gedankenstrich** bedeutet innerhalb eines Satzes immer eine **Pause**. Er ist ein **Trennzeichen**, viel **stärker** als **Komma** oder **Doppelpunkt**. Er kündigt etwas meist Unerwartetes an, erzeugt Spannung und ist ein wichtiges Stilmittel der Erzählung.

Der einfache Gedankenstrich wird verwendet:

- bei **Sprechpausen**:
  Er überlegte: „Sie wohnt in – Hannover!"
- zur **Abgrenzung** zeitlicher Phasen:
  Die Verpackung öffnen – die Einzelteile
  übersichtlich anordnen – Werkzeug bereitstellen –
  dann alles nach Vorschrift zusammenbauen.
- zur **Ankündigung** von etwas Unerwartetem:
  Ich beugte mich über sie – sie atmete noch.
- bei einem **überraschenden Satzschluss**:
  Benedikt öffnete die Tür und erblickte – Lisa.
- bei der **Wiedergabe eines Gesprächs,** wenn
  der Sprecher wechselt: „Ich glaube dir." – „Das freut mich aber."

Ich kündige etwas Unerwartetes an.

8.2 Der **paarige Gedankenstrich**

Der **paarige Gedankenstrich** wird verwendet:

- bei **Einschüben**:
  Im vergangenen Jahr – **e**s war kurz vor Ostern – zogen wir um.
  Ich wohne nun – **l**eider! – weit von meinen Freunden entfernt.
  Darüber bin ich – **k**annst du dir das vorstellen? – sehr traurig.
- wenn ein **Komma nicht zulässig** wäre:
  Mein Vater hat viele ausländische – besonders türkische – Freunde.

Beachte: Das **erste Wort** eines **Einschubs** wird **kleingeschrieben** (außer bei Substantiven). A c h t e auch auf die **Ausrufe**- und **Fragezeichen**!

84   Ü b e r l e g e, wo du Gedankenstriche einfügen kannst.
Ich öffnete blitzschnell die Türe das Zimmer war leer.
Mario und das weiß niemand hat die Prüfung nicht bestanden.
Mein Vater hat Gott sei Dank seinen Arbeitsplatz behalten.
Lass mich nachdenken, es war am 1. April!
Ich habe die Aufgabe glaubst du mir das ganz alleine gelöst.
„Kommst du heute?" „Ich denke schon."

9. Die **Klammern**

Erklärende Zusätze setzt man in **runde Klammern**:

- bei **Worterläuterungen**:
  Seine letzten Sätze waren kryptisch (unklar).
- bei **Zusätzen**:
  Giacomo Puccini (der große Opernkomponist) wurde in Lucca geboren.
- **Beachte: Das erste Wort** des **Einschubs** wird **kleingeschrieben**:
  Du hast damals (ich weiß es noch ganz genau) nichts bezahlt.

Die **Verbindung** von **Klammern** mit **anderen** Satzzeichen ist zu beachten:

- Der **Schlusspunkt** eines Satzes steht immer **nach** der letzten Klammer:
  Er gab den Kampf auf (und das war gut so).
  Der Betrag muss vorher bezahlt werden (bitte in Briefmarken!).
- Der eingeklammerte Text **behält** seinen **Punkt**:
  Wir haben Sie nicht angetroffen. (Wir melden uns wieder.)

Eckige Klammern verwendet man:

- bei **Erläuterungen**, die bereits in **runden Klammern** stehen:
  Die Familie (zugezogen aus Gallipoli [Italien]) hat sich gut eingelebt.
  Dieses Wort (ich meine das Nomen [Namenwort]) würde ich streichen.

85 F ü g e **runde** bzw. **eckige Klammern** sowie die fehlenden **Punkte** und ein **Fragezeichen** e i n !

Markus hat mich obwohl er es versprochen hat nicht mehr besucht
Der Zahnarzt musste den Zahn extrahieren ziehen
Im nächsten Urlaub wir fahren nach Arles Südfrankreich kommt auch meine Freundin mit
Die Ware muss erst im nächsten Monat bezahlt werden Der Betrag wird abgebucht
Ich freue mich auf deinen Brief du hast doch meinen letzten erhalten

Abschlusstest zum Kapitel „Weitere Satzzeichen"

 86 Füge die **fehlenden Satzzeichen** (**keine Kommas**!) ein!

1) Neulich haben die Spieler des 1. FC Haudrauf ein Bild von Ludwig II., König von Bayern, in ihre Kabine gehängt, das war am 5.5.
2) Lukas meinte: „Der muss viel gegessen haben, weil er so f... ist."
3) Daniel fragte ihn, ob er den König beleidigen wolle.
4) Letzte Woche hatten die Kicker in Frankfurt a. M. mit 3:6 Toren verloren.
5) An diesem Wochenende fuhren sie zu einem Freundschaftsspiel nach Oberüberberg, einem Bergdorf, 1250 m ü. d. M.
6) Die Mannschaft genoss die Fahrt; alle schauten aus den Fenstern, als der Bus in zahlreichen Kurven bergauf fuhr.
7) Das Spiel wurde um 14.30 Uhr angepfiffen.
8) Mit Nachspielen dauerte es genau 1.35,20 Stunden.
9) Der Rest des Tages – es war Juni und lange hell – gehörte dem Vergnügen.
10) Lukas und Daniel stiegen noch auf die Hochalm (1480 m).
11) Lukas war von der Landschaft begeistert: d/Die Bergspitzen und Täler, die Almwiesen und dunklen Wälder. Einfach herrlich!
12) Bei einem Heuschober machten sie Rast, als ein seltsames Geräusch sie erschreckte. Sie schlichen hinter die Hütte und entdeckten eine Kuh.
13) Endlich waren sie auf der Hochalm. „Ach, wie herrlich!", rief Daniel.
14) Auf der Alm gab es alles, worauf sie Appetit hatten: Milch, Butter, Käse, Bauernbrot, Semmeln, Brezeln; außerdem verschiedene Getränke.
15) Von der Alm schrieben sie diese Karte an einen Freund:

Hochalm, 25. Juni

Hallo, Toni!
Grüße von der Hochalm!
Wir sind voll gut drauf,
denn hier ist es super.
Bis morgen
mit vielen Grüßen

Daniel und Lukas

16) Bei der Heimfahrt sagte der Sepp, Trainer des 1. FC Haudrauf Oberbayern, nur zwei Worte: „Schön war's!"

10. Kurzer Grammatikkurs

Wichtiger Hinweis: Dieser kurze **Grundkurs** dient zur Wiederholung. Bei größeren Wissenslücken solltest du die *Hauschka Lernhilfen „Sprachlehre, 4. Klasse" (Nr. 214) und „Sprachlehre, 5./6. Klasse" (Nr. 215)* zurate ziehen. Die Bedeutung der **lateinischen Fachausdrücke** findest du auf Seite 91.

10.1 Satzarten

Aussagesatz:	Er stellt einen Sachverhalt dar.
	Die Sonne scheint den ganzen Tag.
Fragesatz:	Er stellt einen Sachverhalt infrage.
	Regnet es in Bremen?
Aufforderungs-satz:	Er gibt eine Aufforderung (Bitte), eine Anweisung oder einen Befehl wieder.
	Hol die Tasche! Öffne bitte den Koffer! Stellen Sie jetzt das Rauchen ein!

87 S e t z e jeweils **Punkt**, **Fragezeichen** und **Ausrufezeichen** an die richtige Stelle.

Heute ist eine wunderbare Nacht Hol mir bitte das Fernglas Ich werde jetzt den herrlichen Mond betrachten Ob ich wohl den Mann im Mond sehe Mit diesem Glas wird das nicht möglich sein

10.2 Der Satz und seine **Satzglieder**

Ein **Satz** ist eine **sprachliche Einheit** aus **verschiedenen Satzgliedern**.

Wie findet man die einzelnen **Satzglieder** heraus?

> Mithilfe der **Umstellprobe** erkennt man die Satzglieder. Hier folgt ein Satz in verschiedenen Umstellungen:
>
> Sophie schreibt mit weißer Kreide einen Satz an die Tafel.
> Mit weißer Kreide schreibt Sophie einen Satz an die Tafel.
> Einen Satz schreibt Sophie mit weißer Kreide an die Tafel.
> An die Tafel schreibt Sophie einen Satz mit weißer Kreide.
>
> **Satzglieder** sind Wörter oder Wortgruppen, die sich **nur gemeinsam umstellen** lassen, man kann sie bei einer Verschiebung **nicht** trennen:
> Sophie / schreibt / mit weißer Kreide / einen Satz / an die Tafel.

88 F i n d e die Satzglieder mithilfe der **Umstellprobe** h e r a u s !

Nach den langen Ferien ging Sebastian gern zur Schule.
Er ging am letzten Ferientag noch einmal zum Schwimmen.
Bei schönstem Sonnenschein traf er im Bad vergnügt viele Freunde.

Man soll natürlich Satzglieder nicht nur als solche erkennen, sondern auch ihre **Bedeutung**, d.h. ihre **Namen** wissen. Nun erfährst du, was man unter **Prädikat**, **Subjekt**, **Objekt** und **adverbialen Bestimmungen** versteht.

> Das *Prädikat* ist ein Satzglied, das immer von einem *Verb* gebildet wird. Es ist der **Satzkern**, die **Achse**, um die sich die anderen Satzglieder bewegen lassen. Vom *Verb* des *Prädikates* hängt es ab, **wie viele** und **welche** weiteren **Satzglieder** in einem Satz enthalten sind.
>
> Die Sonne / *scheint*.
> Doggy / *schreibt* / einen Brief.
> Ihrem Freund / *schenkt* / Lisa / eine Rose.
> Der Friseur / *färbt* / meiner Mutter / die Haare / dunkelbraun.
>   ↑
>
> *Prädikate* stehen im **Aussagesatz** immer an **zweiter Stelle**.
> Nach dem *Prädikat* **fragt** man: **Was** *geschieht*? **Was** ist *ausgesagt*?

89 S c h r e i b e aus jedem Satz das *Prädikat* h e r a u s !

Das träumte ich heute Nacht: Ich bin eine Ameise. Während sommerlicher Mittagshitze wandere ich durch das kühle Gras. Kleine Steine erscheinen mir wie riesige Felsen. Schließlich gerate ich in einen Abfallhaufen.

Zu jedem *Prädikat* gehört ein **Subjekt**. Erst diese beiden Satzglieder zusammen ergeben einen **einfachen** Satz.

Die Sonne / *scheint*.
Doggy / *schreibt* / einen Brief.
Ihrem Freund / *zeigt* / **Lisa** / eine Blume.
Der Friseur / *färbt* / meiner Mutter / die Haare / dunkelbraun.

↑
Subjekt

Nach dem **Subjekt** fragt man: **Wer** oder **was** „tut" das, was im *Prädikat ausgesagt* ist?

---

90 S c h r e i b e jeweils das **Subjekt** a u f !

Der Abfallhaufen erscheint mir wie ein endloses Labyrinth. Ich verirre mich in den tausend Gängen. Überall strömt mir unangenehmer Geruch entgegen. Wo ist bloß der Ausgang?

Manche Verben verlangen neben dem Subjekt noch **ein** oder **mehrere Objekte**:

Doggy / *schreibt* / **einen Brief**.
Lisa / *zeigt* / **ihrem Freund** / **eine Blume**.
Der Friseur / *färbt* / **meiner Mutter** / **die Haare** / dunkelbraun.
                           ↑   ↑
                 Dativobjekt   Akkusativobjekt

Nach dem **Dativobjekt** fragt man: **wem**?
Nach dem **Akkusativobjekt**: **wen** oder **was**?

91 S c h r e i b e die **Dativ-** bzw. **Akkusativobjekte** a u f !

Ich rufe verzweifelt meine Ameisenfreunde. Vielleicht können sie mir helfen. Hört mich denn niemand? Plötzlich blendet helles Sonnenlicht meine Augen – ich erwache, der Tag bricht an.

Wichtig sind auch adverbiale Bestimmungen:

Der Unterricht dauerte **zwei Stunden**.
Ich arbeitete **lustlos** an meinen Hausaufgaben.

Adverbiale Bestimmungen, die man **weglassen** kann, ohne dass ein Satz unvollständig wird, nennt man **freie Umstandsangaben**:

Ich arbeitete **lustlos** an meinen Hausaufgaben. → Ich arbeitete an meinen Hausaufgaben.

Man unterscheidet vier Arten von adverbialen Bestimmungen. Es gibt **adverbiale Bestimmungen**

des **Raumes**:	Hamburg liegt **an der Elbe**.
der **Zeit**:	Ich schreibe **jetzt** einen Brief an meinen Freund.
der **Art/Weise**:	Der Lehrer verhielt sich **freundlich**.
des **Grundes**:	Das Geschäft ist **wegen Krankheit** geschlossen.

---

 92 Welche Sätze im letzten Merkkasten kannst du **ohne** die adverbialen Bestimmungen a u f s c h r e i b e n ?

 93 S e t z e die folgenden **freien Umstandsangaben** sinnvoll in die Sätze des **ersten Abschnitts** unten e i n !

nach langen, quälenden Minuten – an einem der letzten Schultage vor den großen Ferien – völlig verunsichert – wegen meiner Neigung zur Faulheit – gegenüber der Fensterwand – mit einer freundlichen Geste

Das war peinlich!

Das Fach Erdkunde ist nicht gerade meine Stärke. Mein Lehrer rief mich vor die Klasse. Ich sollte auf der großen Wandkarte die Wüste

Sahara zeigen. Ich suchte sie auf dem indischen Subkontinent. Mein Lehrer schickte mich wieder auf den Platz.

Vater tröstete mich: „Warum willst du wissen, wo die Sahara ist? Dort ist es doch viel zu heiß."

Häufig werden die **Substantive** der Satzglieder mit **Attributen** versehen.

Attribute sind *Beifügungen*, die **Substantive** näher bestimmen:
das *neue* **Auto**, *schreiende* **Kinder**, der **Garten** *gegenüber*, die **Adresse** *meines Freundes*, die **Zeitung** *von gestern*

Attribute sind **keine** selbstständigen **Satzglieder**, weil sie bei der Umstellungsprobe stets zusammen mit anderen Satzgliedern umgestellt werden.

94

U n t e r s t r e i c h e im folgenden Text die Attribute!

Marcel schwärmt von einem Mädchen aus der Parallelklasse: „Du kannst dir nicht vorstellen, wie reizend sie ist. Gestern in der Pause hat sie mir ein zauberhaftes Lächeln geschenkt, ihre blauen Augen leuchteten wie – ja, wie die Sterne des Himmels eben. Wenn ich nur den Mut hätte, sie anzusprechen!"

Subjekt, **Prädikat**, **Objekt** und **adverbiale Bestimmungen** werden innerhalb eines Satzes **nie** durch **Kommas** getrennt – solange jedes dieser Satzglieder nur **einmal** vorkommt:
Bei der Aufführung des Theaterstücks „Der Schützenkönig" (= **Artangabe**) / *hatte* (= **Prädikat**) / ein zweijähriger Mischlingshund (= **Subjekt**) / in der Sporthalle unserer Schule (= **Raumangabe**) / beim Publikum (= **Dativobjekt**) / einen ganz besonderen Erfolg (= **Akkusativobjekt**).

10.3. Satzreihe und Satzgefüge

Du hast gelernt, dass ein **Satz** eine **sinnvolle Einheit** aus **Satzgliedern** ist. Man kann Sätze auch aneinander **reihen**:

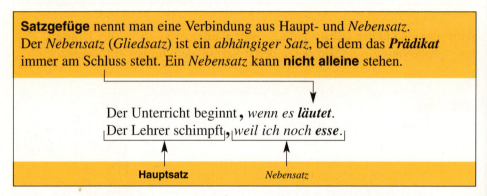

Sätze einer **Satzreihe** kann man wieder **trennen**, ein **Satzgefüge** nicht.

95 Bei welchen Sätzen handelt es sich um **Satzreihen**, bei welchen um **Satzgefüge**?
U n t e r s t r e i c h e die **Nebensätze** (Gliedsätze).

1) Es gibt viele Spinnenarten, sie sind leider zum Teil gefährdet.
2) Viele Spinnen sind schön, man muss sie nur genau ansehen.
3) Jeder bewundert ihre kunstvollen Netze, wenn sie im Morgennebel sichtbar werden.
4) Spinnen sind nützlich, weil sie schädliche Insekten jagen.
5) Die *Gerandete Jagdspinne* lebt am Wasser, sie jagt ohne Netz.
6) Sie steht auf der Liste für gefährdete Tierarten, weil immer mehr Feuchtbiotope zerstört werden.

Lateinische Fachausdrücke

lateinisch – deutsch

Adjektiv = Eigenschaftswort
→ *Doggy ist ein* **fleißiger** *Schüler.*
Adverb = Umstandswort
→ *Professor Siebenkäs unterrichtet ihn* **gern**.
Adverbiale Bestimmung = (1) freie Umstandsangabe bzw. (2) Umstandsergänzung
→ (1) **Vor einiger Zeit** *hatten sie Streit.*
  (2) *Der Streit dauerte* **ziemlich lange.**
Akkusativobjekt = Ergänzung im 4. Fall
→ *Er nahm* **kein Ende**.
Artikel = Geschlechtswort
→ *„***Der** *Klügere gibt nach", sagte Siebenkäs.*
Attribut = Beifügung
→ *Ob der* **liebe** *Doggy der Klügere ist?*
Dativobjekt = Ergänzung im 3. Fall
→ *Der Professor wünscht es* **seinem Schüler**.
Infinitiv = Grundform, Nennform
→ *Wir werden Siebenkäs* **fragen**.
Interjektion = Ausruf, Empfindungswort
→ *„***Oh***, der Doggy gibt nicht immer nach!"*
Konjunktion = Bindewort
→ *„Er ist klug* **und** *starrköpfig zugleich."*
Nomen = Namenwort, Hauptwort
→ *„Das ist eine* **Beleidigung***", sagt Doggy.*
Objekt = Ergänzung
→ *„Ich wollte* **dich** *nicht beleidigen."*

Partizip = Mittelwort (siehe Partizip Perfekt und Partizip Präsens)
Partizip Perfekt = Mittelwort der Vergangenheit (2. Partizip)
→ *„Aber du hast mich* **geärgert**.*"*
Partizip Präsens = Mittelwort der Gegenwart (1. Partizip)
→ **Schmollend** *dreht sich Doggy um.*
Perfekt = vollendete Gegenwart, 2. Vergangenheit
→ *Da* **hat** *sich Siebenkäs* **entschuldigt**.
Prädikat = Satzaussage
→ *„Ich* **verzeihe** *dir", sagt Doggy.*
Präposition = Verhältniswort
→ *Die beiden spielen* **auf** *der Wiese.*
Präsens = Gegenwart
→ *Der Professor* **freut** *sich.*
Pronomen = Fürwort
→ **Er** *mag Doggy.*
Relativpronomen = bezügliches Fürwort
→ *Das ist der Junge,* **der** *mich geschlagen hat.*
Subjekt = Satzgegenstand
→ *Und* **Doggy** *mag den Professor.*
Substantiv = Namenwort, Hauptwort
→ siehe Nomen
Verb = Zeitwort

deutsch – lateinisch

Ausruf = Interjektion
Beifügung = Attribut
Bindewort = Konjunktion
Eigenschaftswort = Adjektiv
Ergänzung = Objekt
Ergänzung im 3. Fall = Dativobjekt
Ergänzung im 4. Fall = Akkusativobjekt
Fürwort = Pronomen
Gegenwart = Präsens
Geschlechtswort = Artikel
Grundform (Nennform) = Infinitiv
Hauptwort (Namenwort) = Substantiv
Mittelwort = Partizip

Mittelwort der Gegenwart
 (1. Partizip) = Partizip Präsens
Mittelwort der Vergangenheit
 (2. Partizip) = Partizip Perfekt
Namenwort (Hauptwort) = Substantiv
Nennform (Grundform) = Infinitiv
Satzaussage = Prädikat
Satzgegenstand = Subjekt
Umstandsangabe = Adverbial
Umstandswort = Adverb
Verhältniswort = Präposition
Vollendete Gegenwart,
 2. Vergangenheit = Perfekt
Zeitwort = Verb

Schlüsselwörter auf einen Blick

Beispiel: Steht im **folgenden Satz** nach *ach* ein Komma?
  Ach ich habe solchen Hunger!
Lösung: Du siehst in der **Tabelle** unter *ach* nach und findest diesen Satz:
  Ach, wie bin ich müde!
Jetzt weißt du, dass die **Interjektion** *ach* von einem Satz durch ein Komma getrennt werden muss. Die Seitenzahlen **11** und **16** geben an, **wo** du zusätzliche **Informationen** findest. Ein **Pfeil** verweist immer auf ein **gegenteiliges** Beispiel:
  → *Ach Marco*, hilf mir doch mal!
(Hier gilt: **Namen** und **Interjektionen** werden **nie** durch ein Komma voneinander getrennt.)

aber
Wir kauften schöne, *aber* kostspielige Gläser. (Aufzählung) 8, 30
Es war kalt, *aber* wir fuhren trotzdem. (Satzreihe) 20
Marco ist fleißig, *aber* nicht immer. (Zusatz) 35–37

ach
Ach, wie bin ich müde! (Ausruf) 11, 16
→ *Ach Marco*, hilf mir doch mal! 13, 16
(Gilt auch für andere **Interjektionen** wie *au, ei, na, oh, pfui, super*.)

allerdings
Ich habe eine schöne, *allerdings* teure Wohnung. (Aufzählung) 8–9, 30
Die Piste ist gepflegt, *allerdings* ist sie an Wochenenden total überfüllt.
(Satzreihe) 20
→ Die gepflegte Piste ist *allerdings* an Wochenenden total überfüllt.
Allerdings, das bleibt dir überlassen. (Stellungnahme) 15
Das Haus ist schön, *allerdings* teuer, und liegt im Zentrum der Stadt. (Zusatz) 36–37

als
Ich stand auf, *als* es hell wurde. *Als* es hell wurde, stand ich auf. Ich stand,
als es hell wurde, auf. (Satzgefüge) 23–24, 46–48
Wir sind schneller, *als* ihr denkt. (ebenfalls Satzgefüge) 32
→ Wir sind schneller *als* ihr. (Vergleich) 32, 34
Oft ist es besser, zu Hause zu bleiben, *als* im Stau zu stehen. (Infinitivgruppe) 18, 24

also
Dies ist biologisches, *also* ungespritztes Obst. (Aufzählung) 8
Es läutete, *also* setzten sie sich auf ihre Plätze. (Satzreihe) 20, 24
Südfrüchte, *also* Orangen, Mandarinen und Bananen, sind gesund. (Zusatz) 35–37
Also, bis morgen! (Stellungnahme) 15

auch
Das war ein schöner, *auch* sehr erholsamer Tag. (Aufzählung) 8
→ Der Tag war schön und *auch* sehr erholsam. (in den Ablauf des Satzes einbezogen)

Nico holte das Rad, *auch* Nina machte sich fertig. (Satzreihe) 20, 24
Viele, *auch* wir, fuhren ins Grüne. (Zusatz) 35–37

außer
Ich will niemanden sehen, *außer* dir. (als Zusatz) 35–37
→ Ich will niemanden sehen *außer* dir. (in den Ablauf des Satzes
einbezogen)
Ich fahre, *außer* es schneit, und nehme dich mit. (Satzgefüge) 23–24, 46–48

ausgerechnet (besser gesagt, sogar)
Er wählte Jan, *ausgerechnet* Jan zum Klassensprecher. (Aufzählung) 30

bald – bald (mal – mal)
Bald (*mal*) fror es ihn, *bald* (*mal*) war ihm heiß. (Aufzählung) 10, 30

besonders
Ich liebe Popmusik, *besonders* mag ich Techno. (Satzreihe) 20, 24
Manches Gemüse, *besonders* Spinat und Mangold, isst Mario nicht. (Zusatz) 35–37

bevor
Sie betete, *bevor* (*ehe*) sie einschlief. *Bevor* (*ehe*) sie einschlief, betete sie.
Jan musste, *bevor* (*ehe*) er einstieg, zahlen. (Satzgefüge) 23–24, 46–48

beziehungsweise (bzw.)
Wir sind miteinander bekannt *bzw.* verwandt. (Aufzählung) 33
→ Meine Mutter arbeitet nicht[,] *bzw.* sie ist Hausfrau. (Satzreihe, Komma freigestellt)

bis
Ich blieb bei ihm, *bis* er schlief. *Bis* er schlief, blieb ich bei ihm. Ich blieb,
bis er schlief, bei ihm. (Satzgefüge) 23–24, 46–48

bitte
Bitte bleiben Sie stehen. Bedienen Sie sich *bitte*. (Höflichkeitsformel, unbetont) 14–16
→ Bitte, hilf mir doch! (Höflichkeitsformel, betont) 14

da
Ich komme nicht, *da* ich arbeiten muss. *Da* ich krank bin, bleibe ich zu Hause.
Er macht, *da* er sich ärgert, nicht mit. (Satzgefüge) 23–24, 46–48

dagegen / daher
Elias ist schlecht in Deutsch, *dagegen* ist er gut in Mathematik. (Satzreihe) 20, 24
Sie ist zu alt, *daher* bleibt sie daheim. (Satzreihe) 20, 24

danke
Ich bin schon satt, *danke*. Danke schön, es hat gereicht. Es war großartig, *danke*,
wir wollen jetzt gehen. 14

dann
Wir besuchten zuerst Miriam, *dann* Anna und meinen Bruder. (Aufzählung) 8
→ Wir besuchten zuerst Miriam und *dann* erst Anna. (in den Satz einbezogen)
Gib mir den Ring, *dann* gebe ich dir den Armreif. (Satzreihe) 20, 24
Wenn Denise Hunger hatte, *dann* war sie schlecht gelaunt. (Satzgefüge) 46–48

***das** (dem / dessen / der / die)*
Moritz suchte das Armband, *das* ich ihm gegeben hatte. Saskia konnte das Armband,
das ich ihr gegeben hatte, nicht finden. (Satzgefüge) 46–48
(Ebenso bei den Relativpronomen *dem, den, der, dessen, die*.)
Ein schönes Buch zu lesen, *das* ist meine liebste Beschäftigung. (Infinitivgruppe) 18, 24

das heißt** (d. h.) / **das ist
Der Stein ist wertvoll, *d. h.* echt. (Zusatz) 35–37, 53
→ Der Stein ist wertvoll, *d. h.*, es ist ein echter Diamant. (Zusatz) 53

dass
Ich freue mich, *dass* es dir gut geht. *Dass* du verloren hast, ist nicht schlimm.
Seine Ansicht, *dass* die Aktie steigen wird, teile ich nicht. Schön, *dass* du das
einsiehst. (Satzgefüge) 23, 46–48
→ Ich weiß alles, *also auch dass* du verloren hast. (Teil der Fügung *also auch dass*)
→ Ich glaube vieles, *aber nicht dass* die Aktie steigt. (Teil der Fügung *aber nicht dass*)
Weitere Fügungen: *denn dass, aber dass, ohne dass, nicht dass*.

denn
Sie ging, *denn* es wurde Nacht. (Satzreihe) 20, 24

der
Lena half dem Mann, *der* gestürzt war. Der alte Mann, *der* gestürzt war, musste
ärztlich behandelt werden. (Satzgefüge) 46–48

die
Jakob schrieb der Frau, *die* er liebte. Andrea stellte die Blume, *die* sie gefunden
hatte, in eine Vase. (Satzgefüge) 46–48

doch
Ich wollte sie besuchen, *doch* sie war nicht zu Hause. (Satzreihe) 20, 24, 30
Doch, ich habe mich sehr bemüht. (Stellungnahme) 15

***drohen** („Gefahr laufen")*
Das Haus *drohte* einzustürzen. 54
→ Er *drohte*[,] mich zu verpetzen. (Infinitivgruppe) 17, 24

ehe** siehe **bevor

einerseits – andererseits
Nina ist *einerseits* gesellig, *andererseits* ist sie auch gerne allein. (anreihende
Konjunktion) 10, 30
Vater bleibt zu Hause, *einerseits* um sich zu erholen, *andererseits* um ein wenig zu
arbeiten. (anreihende Konjunktion) 10, 30

Entschuldigung
Entschuldigung, wo ist der Ausgang? (Höflichkeitsformel) 14, 16

entweder – oder
Fabian kommt *entweder* heute *oder* morgen. (Aufzählung) 33–34
→ Fabian sagte, *entweder* komme er heute *oder* morgen. (Satzreihe) 20, 24
→ Fabian muss kommen, *entweder* heute *oder* morgen. (Zusatz) 35–37

genauso / geradeso
Das Design ist misslungen, *genauso* fehlt es an der Verarbeitung. (Satzreihe) 20, 24
Er wurde gelobt, *genauso* wie Iris. (Zusatz) 35–37
Iris, *geradeso* wie Tom, wurde gelobt. (Zusatz) 35–37

guten Tag / guten Abend / auf Wiedersehen
Guten Tag, ich möchte ein Bier. Ich gehe jetzt, *guten Tag*. (Grußformel) 14, 16

halb – halb
Halb fiel sie hin, halb *sank* sie hin. Tobias sah mich an, *halb* lachend, *halb* weinend.
(Aufzählung) 30

ja
Ja (*nein*), ich verlasse dich. (Interjektion) 11
→ Du hast *ja* keine Ahnung. (in den Ablauf des Satzes einbezogen)
Du wirst mich besuchen, *ja*? (Stellungnahme) 15
Es regnete, *ja* es goss in Strömen. (Satzreihe) 20, 24

je – desto (*umso*)
Er wünschte sich ein Bier, *je* kälter, *desto* (*umso*) besser. (Aufzählung) 10, 30
Je öfter ich ihn treffe, *desto* (*umso*) lieber habe ich ihn. (Satzgefüge) 46–48

jedoch
Ein älterer, *jedoch* noch rüstiger Herr übernahm die Aufgabe. (Aufzählung) 8, 30
Er hat ein Moped, *jedoch* kein Auto. (Satzreihe, zweiter Satz verkürzt) 20, 24, 30
→ Wir kommen, *jedoch erst wenn* das Wetter besser ist. (Fügung *jedoch erst wenn*)
Mein Auto ist alt, *jedoch* gut erhalten und fährt noch einwandfrei. (Zusatz) 35–37

nachdem
Susanne schrieb uns, *nachdem* sie angekommen war. *Nachdem* sie fort war, atmete
ich auf. Er verließ, *nachdem* er gefrühstückt hatte, das Haus. (Satzgefüge) 46–48
→ *Gleich nachdem* er gefrühstückt hatte, verließ er uns. (Fügung *gleich nachdem*)

nämlich
Das sind echte, *nämlich* zuverlässige Freunde. (Aufzählung) 8, 30
Wir fahren nächstes Jahr, *nämlich* an Ostern. Meine Freunde, *nämlich* Marc und
Wolfgang, helfen mir. (Zusätze) 35–37

nein siehe *ja*

nicht nur – sondern auch
Das ist *nicht nur* ein gutes, *sondern auch* ein gesundes Essen. (Aufzählung) 10, 30
Wir gehen zum See, *nicht nur* zum Baden, *sondern auch* zum Sonnen.
(die Aufzählung ist nachgetragen) 10, 30

nur
Das ist ein gutes, *nur* etwas langsames Auto. (Aufzählung) 8, 30
Alle sprangen ins Wasser, *nur* der Lehrer blieb am Beckenrand. (Satzreihe) 20, 24
Alle sprangen hinein, *nur* ich nicht. (Zusatz) 35–37

ob
Ich weiß nicht, *ob* sie mich mag. *Ob* sie mich mag, weiß ich nicht. Auf ihre
Frage, *ob* ich Geld habe, gab ich keine Antwort. (Satzgefüge) 23, 46–48

obwohl
Karin gab dem Bettler Geld, *obwohl* sie selber nicht viel hatte. *Obwohl* er arm war, gab er
etwas. Max blieb, *obwohl* es schon spät war, noch ein wenig bei uns. (Satzgefüge) . . . 23, 46–48

oder siehe Kapitel *und/oder* 60–64

ohne zu
Frau Kolb, *ohne* sich noch einmal *umzudrehen*, war sofort gegangen.
Frau Kolb war[,] ohne sich umzudrehen[,] sofort gegangen. (Infinitivgruppe) 38, 42, 44
(Ebenso: *statt zu, um zu, wie zu.*)

seit
Es geht mir gut, *seit* ich in Kur war. *Seit* er bei ihr war, geht es ihm gut.
Frau Haydn ist, *seit* sie wieder ein Einkommen hat, glücklich. (Satzgefüge) 23, 46–48

so
Hatte Marie Hunger, *so* war sie gereizt. (Das Adverb *so* nimmt die Beziehung
zum Hauptsatz davor auf.)   Wie an Weihnachten, *so* hatten wir auch an Ostern
Gäste. (Das Adverb *so* nimmt die Beziehung zum Satzteil davor auf.)
Mit den Armen fuchtelnd, *so* machte er auf sich aufmerksam. (Partizipgruppe) 55–56, 59

sodass
Mein Bruder ärgerte mich, *sodass* ich das Zimmer verließ. (Die Konjunktion
sodass leitet einen Nebensatz ein.) 23, 46–48
→ Mein Bruder ärgerte mich *so, dass* ich das Zimmer verließ. (Die Konjunktion
dass leitet einen Nebensatz ein, während so zum Hauptsatz gehört.) 23, 46–48

sondern
Das ist keine erfundene, *sondern* eine wahre Geschichte. (Aufzählung) 8, 30

sowie
Vater schenkte ihr ein neues Fahrrad *sowie* einen Fahrradhelm. (Aufzählung) 31, 34
→ Ich komme nach Hause, *sowie* ich mit der Arbeit fertig bin. (Satzgefüge) 23, 46–48

sowohl – als auch
Jennifer lädt *sowohl* Jan *als auch* Tina ein. (Aufzählung) 31, 34
→ Sie lädt beide ein, *sowohl* Jan *als auch* Tina. (Aufzählung nachgetragen)

teils – teils
Wir verbrachten die Feiertage *teils* bei meinen Großeltern, *teils* zu Hause.
Das Geld stammt *teils* von mir, *teils* hat es mir mein Vater geborgt. 10, 30

trotzdem
Mein Vater ist alt, *trotzdem* steigt er noch auf Berge. (Satzreihe) 20
Trotzdem, ich bleibe dabei! (Stellungnahme) 15

und zwar
Wir gehen heute zum Schwimmen, *und zwar* bei jedem Wetter. (Zusatz) 36

umso
Aus Fußball mache ich mir gar nichts, *umso* mehr liebe ich Tennis. (Satzreihe) 20

und siehe Kapitel *und/oder* 60–64

vor allem
Das Rad ist ein praktisches, *vor allem* umweltfreundliches Verkehrsmittel. (Aufzählung) . . . 30
Herr Schnell liebt Autos, *vor allem* Sportautos. (Zusatz) 35–37

während
Mutter arbeitet, *während* ich schlafe. *Während* es draußen donnert, liege ich unter der
Decke. Ich genieße, *während* es draußen kalt ist, ein warmes Bad. (Satzgefüge) . . 23, 46–48

wann
Ich weiß nicht, *wann* du abgeholt wirst. *Wann* das Sportfest nun wirklich
stattfindet, wissen wir noch nicht. (Satzgefüge) 46–48

warum
Ich kann mir nicht vorstellen, *warum* sie den Urlaub abgebrochen haben.
Warum er nicht mehr schreibt, kann ich mir nicht erklären. (Satzgefüge) 46–48

was
Niemand weiß, *was* die Zukunft bringt. Du musst das, *was* ich dir jetzt sage,
für dich behalten. *Was* morgen sein wird, steht noch in den Sternen. (Satzgefüge) 46–48

weder – noch
Nina kam *weder* gestern *noch* heute zur Schule. (anreihende Konjunktion) 31
→ Nina kam nicht zur Schule, *weder* gestern *noch* heute. (Aufzählung nachgetragen)
→ Die Eltern haben *weder* eine Entschuldigung geschickt[,] *noch* haben sie in der
Schule angerufen. (Satzreihe, Komma freigestellt) 20, 24

weil
Der Flug entfiel, *weil* die Startbahn vereist war. *Weil* der Flug gestrichen wurde, versäumte
sie den Termin. Wir mussten, *weil* es dunkel geworden war, biwakieren. (Satzgefüge) . . . 46–48

wenn
Schüler ärgern sich, *wenn* sie geschimpft werden. *Wenn* wir gegessen haben, gehen wir.
Sie hat, *wenn* ich richtig unterrichtet bin, ein Mädchen bekommen. (Satzgefüge) 46–48
→ *Jedes Mal wenn* (*immer wenn*, *nur wenn* usw.) ich den Bus nehme, hat er Verspätung.

wenn auch
Tobias ist ein ausdauernder, *wenn auch* langsamer Läufer. (Aufzählung) 8, 30
Ich besuche die alte Dame, *wenn* ich es *auch* nicht sehr gerne mache. (Satzgefüge) . . . 46–48
Das Schiff fuhr, *wenn auch* mit sehr großer Verspätung, doch noch. (Zusatz) 36

wie
Sie wusste nicht, *wie* er hieß. Ich sah, *wie* Tamara zitterte. (Satzgefüge) 46–48
→ Sie ist in derselben Lage *wie* **du** neulich. (Vergleich)

wo / woher / wohin / womit
Keiner hat herausgefunden, *wo* er sich aufhält. Der Arzt überlegt, *woher* der
Schmerz kommen könnte. Niemand weiß, *wohin* er fährt. Der Ober fragte, *womit*
er uns behilflich sein könnte. 46–48

zum Beispiel
Er war sehr erfolgreich, *zum Beispiel* als Trainer. (Zusatz) 37
Er war[,] *zum Beispiel* als Trainer[,] sehr erfolgreich. (Zusatz) 37
→ *Zum Beispiel* als Trainer war er sehr erfolgreich. (kein Komma bei Anfangsstellung)

Stichwortverzeichnis

Hier findest du nur **Fachbegriffe** wie *Abkürzung*, *Adverb* usw.
Wenn du dich über das Komma bei **Schlüsselwörtern** oder **Konjunktionen**
wie *entweder - oder, und zwar* usw. informieren willst, dann schaue auf den
Seiten 92–97 unter **Schlüsselwörter auf einen Blick** nach.

abhängiger Aufforderungssatz 70	– im Zusammenhang mit Adverbien 7–8
abhängiger Satz 90	– im Zusammenhang mit
Abkürzung 71–72	Konjunktionen 7–8, 10, 16, 30
Abkürzungspunkt	– im Zusammenhang mit *und* 60, 63
– bei Fragezeichen 72	– beim Semikolon 76
– bei Ausrufezeichen 72	– Wiederholung zur Verstärkung 30, 34
Abschlusstest „Kommaregeln" 66	– erneutes Ansetzen 30, 34
Abschlusstest „Weitere Satzzeichen" .. 84	Auslassungspunkt 74
Adjektiv 51	Ausrufesatz 80
Adverb	Ausrufezeichen 11, 67, 69–70, 72, 80
– als Einleitungswort beim Nebensatz 8, 46	Aussagesatz 67, 71, 80, 85–86
– als Einleitungswort bei der Satzreihe 20	Begleitsatz der wörtlichen Rede ... 25–26
Anrede	Beisatz
– am Satzanfang 12	– bei Zusätzen 36
– im Satzinneren 12	– im Zusammenhang mit *und* 61, 64
– am Satzende 12	Beispielsätze → Schlüsselwörter 92
– in Verbindung mit mehreren Wörtern ... 13	Bejahung 11, 16
– in Verbindung mit Interjektionen 13	Bezugswörter
Apposition → Beisatz	– bei Zusätzen 36
Attribut	– bei Infinitivgruppen 38
– Grammatikkurs 85	– bei Partizipgruppen 56, 59
– gleichrangig 7, 50	direkte Rede → wörtliche Rede
– nicht gleichrangig 50–51	direkter Fragesatz 70, 80
Aufbaukurs 30	Doppelpunkt 77
Aufforderungssatz 69, 71, 80, 85	– als Ankündigungszeichen 77
auf Wiedersehen 14	– Kleinschreibung 77
Aufzählung 6–10, 30	– Großschreibung 77
– des Attributs 6–7, 50	– Verhältniszeichen 78
– des Objekts 7	– Zeitmessung 79
– des Prädikats 6–7	– Uhrzeit 79
– des Subjekts 6–7	eigenständige Satzglieder 68, 71
– von Sätzen 9	einfacher Satz 87, 90
– von Wörtern 6–7, 9	eingeschobener Satz 21, 26, 44, 47
– von Wortgruppen 9	Einleitewörter zu Nebensätzen ... 23, 46

Einschub 82
Einstufungstest
I 4
II 29
III 49
Erläuterung → Zusatz
Erweiterung 39–41, 44
Fragesatz 12, 70, 80
Fragezeichen 80
frei stehende Zeilen 75
Gebrauchsanweisung 2
Gedankenstrich
– einfach 81
– paarig 82
Gesamtbegriff 51–52
Gliedsatz → Nebensatz
Grammatiktest 3
Grundform 17
Grundkurs 6
Grußformeln 14, 16
Hauptsatz 19, 22–24, 39–42, 46–48, 76, 90
hinweisendes Wort
– auf Infinitivgruppe 18, 24
– auf Partizipgruppe 55, 59
Höflichkeitsformeln 14
indirekter Fragesatz 70–71
Infinitiv → Infinitivgruppe
Infinitivgruppe
– Erklärung 17
– nach hinweisendem Wort 18, 24
– nach Bezugswort 38, 44
– nach dem Prädikat 38, 44
– mit und ohne Erweiterung ... 39–40
– Anfangsstellung 41–42
– Zwischenstellung 42
– Endstellung 42
– im Zusammenhang mit Verben 54
– im Zusammenhang mit *und* ... 62, 64
Interjektion
– betont 11, 16
– unbetont 11, 16
– in Verbindung mit der Anrede 13

Klammern
– rund 83
– eckig 83
Konjunktion
– mehrteilig 10, 30
– entgegensetzend 8, 30
– anreihend bei Aufzählungen ... 7, 31, 34
– vergleichend 31–32, 34
– ausschließend 7, 32–33, 34
– Nebensatz einleitend 23, 46
– im Zusammenhang mit der Satzreihe 20
lateinische Fachausdrücke 91
Leistungskurs 50
Merktafel
I 16   II 24
III 34   IV 44
V 48   VI 59
VII 64
Mittelwort → Partizip Perfekt und
  Partizip Präsens
Nebensatz
– Grammatikkurs 90
– Anfangsstellung 46, 48
– Zwischenstellung 47–48
– Endstellung 22–24, 48
– im Zusammenhang mit *und* .. 60–61, 63–64
– im Zusammenhang mit Semikolon 76
Nennform → Grundform
Objekt 7, 87, 89
Ordnungszahl 73
Partizip Perfekt (2. Partizip) 55
Partizip Präsens (1. Partizip) 55
Partizipgruppen
– nach Bezugswort 56, 59
– mit hinweisendem Wort *so* ... 55, 59
– am Satzende 56, 59
– mit kurzer Bestimmung 57–58, 59
– mit längerer Bestimmung 57–58, 59
Prädikat am Schluss 90
Prädikat
– Grammatikkurs 86–87
– bei Aufzählungen 6–7

- bei Infinitivgruppen 38, 44
- beim Nebensatz 46, 90
- bei Zusätzen 37

Pronomen (Nebensatz einleitend) 46

Punkt
- als Schlusszeichen 67
- nach eigenständigen Satzgliedern 68
- nach Aufforderungssätzen 69
- nach indirekten Frage- und Aufforderungssätzen 69–71
- bei Abkürzungen 71–72
- bei der Ziffernschreibung 73
- als Auslassungspunkt 74
- bei frei stehenden Zeilen 75

Relativpronomen 46
Satz 13, 21, 85
Satzgefüge 22–23, 46, 48, 76, 90,
Satzglieder
. . . . . 6–8, 30, 63, 68, 71, 85–87, 89–90
Satzkern 86
Satzreihe 19–20, 24, 60, 64, 90
Satzteile → Satzglieder
Satzverbindung → Satzreihe
Schaltsatz 21, 24, 62, 64
Schlüsselwörter 92

Semikolon
- bei Wortgruppen und Aufzählungen 76
- bei Hauptsatz und Satzgefüge 76

Sprechpausen
- bei Infinitivgruppen 42–43
- beim Punkt 67
- beim Gedankenstrich 82

Stellungnahme 15, 62, 64
Strichpunkt → Semikolon

Subjekt 6–7, 87, 89
Substantiv
- im Zusammenhang mit Attribut . . . 50–51, 89
- als hinweisendes Wort 18

Tests
- Abschlusstest „Kommaregeln" 66
- Abschlusstest „Weitere Satzzeichen" . . . 84
- Einstufungstest I 4
- Einstufungstest II 29
- Einstufungstest III 49
- Grammatiktest 3
- Zwischentest
  I 15   II 28
  III 33   IV 45
  V 48   VI 58
  VII 65

Umstandsangaben (freie) 88
Umstellprobe 86
Vergleich 31–32
Verneinung 11, 16

wörtliche Rede
- Grundformen 25–26
- im Zusammenhang mit Komma 25–26
- im Zusammenhang mit Doppelpunkt 77
- im Zusammenhang mit *und* 62, 64

wörtliche Wiedergabe → wörtliche Rede
Wunschsatz 80

Zusätze
- am Schluss 35, 44
- eingeschoben 36, 44
- Komma freigestellt 44
- im Zusammenhang mit *das heißt* 53
- im Zusammenhang mit *und* 62, 64